DU NOTAIRE EN SECOND

ET

DES TÉMOINS DANS LES ACTES NOTARIÉS

THÈSE POUR LE DOCTORAT

présentée et soutenue

le Vendredi 14 Avril 1899, à 2 heures 1/2

PAR

Georges LEFEBVRE

LAURÉAT DE LA FACULTÉ DE DROIT DE LILLE

PARIS

LIBRAIRIE NOUVELLE DE DROIT ET DE JURISPRUDENCE

ARTHUR ROUSSEAU

ÉDITEUR

14, rue Soufflot, et rue Toullier, 13

1899

THÈSE

POUR LE

DOCTORAT

FACULTÉ DE DROIT DE LILLE

ENSEIGNEMENT

MM. VALLAS (O. I. ✻), Doyen, Professeur de Droit civil.

FÉDER (O. I. ✻), Professeur de Droit civil.

GARÇON (O. I. ✻), Professeur de Droit criminel, chargé de Cours à la Faculté de Paris.

LACOUR (O. I. ✻), Professeur de Droit commercial.

BOURGUIN (O. I. ✻), Professeur de Droit administratif.

MOUCHET (O. I. ✻), Professeur de Droit romain.

JACQUEY (O. I. ✻), Professeur d'Histoire du Droit.

DESCHAMPS (O. A. ✻), Professeur d'Économie politique, chargé de Cours à la Faculté de Paris.

WAHL (O. A. ✻), Professeur de Procédure civile.

JACQUELIN (O. A. ✻), Professeur adjoint.

PELTIER, Agrégé, chargé de Cours.

COLLINET, Agrégé, chargé de Cours.

MARGAT, Agrégé, chargé de Cours.

PERCEROU, Agrégé, chargé de Cours.

DUBOIS, chargé de Cours.

ADMINISTRATION

VALLAS (O. I. ✻), Doyen.

LACOUR (O. I. ✻), Assesseur.

SANSON (O. A. ✻), Secrétaire.

DOYEN HONORAIRE

DE FOLLEVILLE (O. I. ✻).

SECRÉTAIRE HONORAIRE

PROVANSAL (O. I. ✻).

FACULTÉ DE DROIT DE LILLE

DU NOTAIRE EN SECOND

ET

DES TÉMOINS DANS LES ACTES NOTARIÉS

THÈSE POUR LE DOCTORAT

PAR

Georges LEFEBVRE

LAURÉAT DE LA FACULTÉ DE DROIT DE LILLE

L'ACTE PUBLIC SUR LES MATIÈRES CI-APRÈS

Sera soutenu le Vendredi 14 Avril 1899, à 2 heures 1/2

Président : M. WAHL.

Suffragants : { MM. JACQUEY, *professeur.*
PERCEROU, *agrégé.*

PARIS

LIBRAIRIE NOUVELLE DE DROIT ET DE JURISPRUDENCE

ARTHUR ROUSSEAU

ÉDITEUR

14, rue Soufflot, et rue Toullier, 13

1899

A LA MÉMOIRE DE MA MÈRE

—

A MON PÈRE

INTRODUCTION

1. De tous les modes de preuve reconnus par la loi, le
plus sûr et le plus fidèle — si l'on en excepte l'aveu —
est incontestablement le témoignage écrit, l'*instrumentum*.
Cette supériorité de la preuve littérale, si conforme aux
enseignements de la raison et aux leçons de l'expérience,
hautement proclamée par les rédacteurs du Code civil,
est consacrée formellement,quoiqu'implicitement par notre
législation (1).

2. Mais il n'en a pas toujours été ainsi. Aux premiers
siècles de notre histoire et durant tout le Moyen âge,
alors que nos institutions juridiques, en voie de formation, n'avaient pas encore atteint le degré de stabilité et
de perfection où elles parvinrent dans la suite, la prééminence fut accordée à la preuve testimoniale. Il faut en
voir la raison : d'une part, dans l'influence, si profonde à
cette époque, du droit romain, qui manifesta toujours une
réelle préférence pour ce genre de preuve, même au temps

(1) Voir art. 1341 et suiv. du Code civil.

de Justinien (1) — c'est-à-dire à une époque où l'instruction avait fait dans l'Empire des progrès tels qu'elle était universellement répandue, que la connaissance de l'écriture s'était partout vulgarisée — et d'autre part dans la mentalité, dans l'état moral d'une société qui ne faisait que naître, où la simplicité de vie et l'absence de besoins entretenait l'esprit de loyauté et de probité. Plus tard, avec le développement de la civilisation et l'extension du commerce, les relations et les transactions se multiplièrent, les passions et les intérêts s'éveillèrent, agissant sur l'homme au détriment de la bonne foi, l'incitant à dissimuler la vérité.

3. Ces transformations dans les idées, dans les mœurs, dans les conditions de la vie eurent leur répercussion dans le domaine du droit.

Certaines institutions qui, jusqu'à ce jour, n'avaient été l'objet d'aucune critique, qui paraissaient suffire à tous les besoins, devinrent suspectes de médiocrité et d'impuissance, perdirent progressivement de leur autorité.

Ce fut le cas de la preuve testimoniale, dont l'usage illimité pouvait devenir dangereux dans une société qui oubliait les traditions de stricte moralité. Le pouvoir royal

(1) C'est, du moins, ce qu'atteste un passage de la Novelle 73-cap. 3 : « Si vero tale aliquid contigerit quale in Armenia factum est, ut aliud quidem faciat collatio litterarum, aliud vero testimonia. tunc nos quidem existimavimus, ea quae dicuntur viva voce, et cum jurejurando hœc digniore fide quam scripturam ipsam secundum se subsistere ».

le comprit. L'ordonnance de Moulins de 1566 vint restreindre l'usage de cette preuve (art. 54). C'était la constatation légale de son discrédit.

4. La déchéance de la preuve testimoniale devait assurer la prépondérance de la preuve littérale. Celle-ci, s'a-
daptant mieux aux nécessités nouvelles, allait prendre la
place de la première, hériter de son crédit et de son autorité. Désormais elle sera la preuve par excellence. L'ordonnance de Moulins le déclare, du reste, positivement,
en la considérant comme nécessaire en règle générale, et
en n'admettant le témoignage oral qu'à titre exceptionnel,
pour des actes de faible importance. Depuis, elle a conservé le premier rang parmi les modes judiciaires de recherche et de connaissance de la vérité, et il n'est pas té-
méraire de penser que cette primauté lui est définitivement acquise.

5. Les actes notariés sont, de tous les témoignages
écrits, les plus probants et les plus considérables, parce
qu'ils émanent de fonctionnaires spéciaux, dépositaires
d'une parcelle de l'autorité publique, placés sous la surveillance des représentants judiciaires du pouvoir exécutif.
C'est parce que l'on comprit l'utilité de donner à certains
actes une plus grande force de persuasion, de leur imprimer le caractère de l'authenticité, que le notariat a été
institué. Il apparaît ainsi qu'il existe une relation très
étroite entre cette institution et la preuve littérale, dont
elle est pour ainsi dire la source la plus pure et même la
plus féconde. Ce rapport établit entre elles une sorte de

solidarité toute naturelle qui fait que le notariat ne pouvait se développer et se perfectionner qu'à la condition pour la preuve littérale d'obtenir la prééminence. Et c'est, en effet, ce qui se produisit.

6. La substitution de la preuve littérale à la preuve testimoniale eut, avons-nous dit, pour conséquence nécessaire et fatale de diminuer l'autorité de cette dernière et même, dans la plupart des cas, de lui enlever toute sa valeur. Mais il faut se garder de croire qu'elle perdit du même coup toute influence. Un principe qui avait été couramment admis et respecté pendant un laps de plusieurs siècles ne pouvait pas disparaître sans laisser dans la législation des traces de son ancienne suprématie. Nous voulons en voir un exemple frappant dans l'institution du notariat où s'est maintenue jusqu'à nos jours, fidèle tradition, la règle de l'assistance d'un notaire en second ou de deux témoins aux actes notariés.

7. A l'époque où la fonction de notaire, se transformant, revêtit un caractère public, la preuve testimoniale jouissait encore d'une grande faveur, était la preuve de droit commun. C'est vraisemblablement pour cette raison que le pouvoir royal, prudent et avisé, ne crut pas devoir conférer au notaire rédacteur le pouvoir d'attester par lui-même la sincérité de son acte et il lui adjoignit le concours ou, pour mieux dire, le contrôle d'un collègue ou de deux témoins. Cette règle apparaît donc comme une marque de défiance, comme une mesure de précaution à l'égard de la preuve littérale dont le mérite, à cette lointaine époque, était très contesté. A dire vrai, elle est une manifestation de la lutte qui avait commencé entre ces deux genres de preuve, qui se poursuivit pendant trois siècles et à laquelle l'ordonnance de Moulins vint mettre fin. Quoi d'étonnant à ce que le notariat d'alors ait porté l'empreinte de cet antagonisme !

8. Nous verrons plus loin que la règle de l'assistance d'un collègue ou de deux témoins, observée primitivement avec rigueur et ponctualité ne tarda pas à tomber en désuétude et nous exposerons les raisons qui en ont été données. Or, selon nous, la principale, la plus profonde, celle qui les résume toutes est la déchéance de la preuve testimoniale. En effet, tandis que cette déchéance s'accentuait, l'observance de la règle allait en s'affaiblissant, en se relâchant de plus en plus, pour aboutir bientôt à une abrogation tacite. Corrélativement la supérioririté de la preuve littérale tendait à s'affirmer, elle triomphait des préjugés, elle pénétrait dans les esprits et diminuait d'autant la foi due au témoignage oral. Il est donc permis de voir dans la simultanéité de ces faits plus qu'une simple coïncidence ou concordance, c'est-à-dire un véritable rapport de causalité. Selon toutes vraisemblances on jugeait désormais inutile l'observation d'une règle qui était, dans son principe, comme nous le disions plus haut, une mesure de défiance à l'égard d'une preuve dont on reconnaissait maintenant la haute autorité.

9. Depuis cette époque la preuve littérale a vu croître son crédit et l'expérience qu'on en a faite n'a pas démenti

les espérances que l'on fondait sur son efficacité. L'institution du notariat, réorganisée sur de nouvelles bases au
commencement de ce siècle, est devenue une institution
puissante, prospère, rendant, grâce à un intelligent mécanisme, les services les plus précieux à la société, jouissant
d'une légitime considération. Dès lors, si l'on envisage cet
état de choses : l'influence de plus en plus prépondérante,
en matières de preuves, du témoignage écrit, la confiance
de plus en plus grande qu'inspire le notariat, il peut
paraître surprenant que notre législation ait conservé la
règle de la réception des actes notariés par deux notaires
ou par un notaire assisté de deux témoins.

10. Le maintien de cette règle, qui semble rappeler un
autre âge, s'impose-t-il en vertu de considérations d'intérêt général ? Se justifie-t-il par quelque raison pratique ?
Présente-t-il des avantages appréciables sans entraîner
aucun inconvénient ?

L'intérêt de ces diverses questions nous a paru suffisant pour nous déterminer à entreprendre l'étude approfondie et détaillée de la règle. Il nous a semblé qu'il pouvait être opportun, en vue des réformes que l'on se propose
d'apporter au régime actuel du notariat, de préciser le
véritable caractère de cette formalité, d'en déterminer le
mérite.

Nous l'examinerons d'abord au point de vue historique,
ensuite au point de vue de son fonctionnement actuel, des
difficultés que suscite son application. Nous étudierons les
fonctions du notaire en second et des témoins instrumen-

taires dans les différents actes notariés, nous déterminerons les conditions de capacité auxquelles ils sont assujettis, nous exposerons les principes de leur responsabilité. Pour donner plus d'ampleur à notre travail et afin de passer en revue toutes les fonctions que peuvent remplir les témoins dans les actes, nous consacrerons un chapitre spécial aux témoins certificateurs d'individualité et aux témoins honoraires.

Nous diviserons cette étude en deux parties : la première traitera du notaire en second, la seconde sera réservée aux témoins.

PREMIÈRE PARTIE

DU NOTAIRE EN SECOND

—

CHAPITRE PREMIER

ORIGINE HISTORIQUE DE LA RÈGLE (1).

1. L'origine du notariat est très ancienne. Les fonctions de notaire furent connues des peuples civilisés de l'antiquité. On en trouve des traces chez les Égyptiens, les Perses, les Juifs et surtout chez les Grecs et les Romains. Aristote dans son traité de la *République* (L. G. cap. 8. *In principio*) mentionne les officiers publics chargés de la rédaction des contrats comme nécessaires à une cité bien organisée.

2. Ces officiers n'existèrent pas d'abord chez les Romains. Des esclaves, qui connaissaient l'art de l'écriture

---

(1) Puisque ce travail a pour objet exclusif l'étude de l'institution du notaire en second et des témoins dans les actes notariés, peut-être eût-il suffi d'exposer uniquement, dans ce chapitre, l'histoire de cette institution. Nous avons préféré cependant, sans crainte d'excéder les

très peu répandu à cette époque, se tenaient dans les lieux publics et rédigeaient, sous la forme d'une note succincte et abrégée, les conventions faites par des particuliers devant témoins. D'où le nom de *notarii*. On les appelait aussi *tabularii, tabelliones* parce qu'ils écrivaient sur des tablettes. Mais ces écrivains n'eurent jamais la foi publique et les services qu'ils rendaient étaient dépourvus de tout caractère officiel. Leurs actes ne jouissaient d'aucune autorité, on les considérait comme un simple projet qui ne liait point les parties.

Plus tard, sous l'empire des circonstances, un grand collège de tabellions fut constitué à l'effet de recevoir les testaments et autres actes de toute espèce. Ils furent choisis parmi les personnes libres. Le chef s'appelait *primicerius*. « Ils devaient être, rapporte Cujas, jurisconsultes, savants dans l'art d'écrire et de parler, et d'une probité parfaitement connue et assurée ». Leurs attributions n'étaient pas aussi importantes ni aussi élevées que celles des notaires d'aujourd'hui. Ils n'avaient pas le pouvoir de donner l'authenticité aux actes qu'ils rédigeaient, mais du moins ceux-ci avaient force obligatoire pour les parties qui se trouvaient liées par un engagement formel. Une condition était requise : deux témoins devaient certifier la sincérité de l'acte en y apposant leurs sceaux. Ainsi fut for-

limites de notre sujet, consacrer quelques développements, très brefs du reste, à l'histoire du notariat en général, parce que nous considérons ces développements comme étant le complément naturel et nécessaire de l'étude que nous avons entreprise.

mulée pour la première fois, selon toute probabilité, la
règle de l'assistance de deux témoins.

3. En France, le notariat apparaît, dès les premiers
temps de la monarchie. Grégoire de Tours (*Histoire de
France*, Livre 9, chap. 5) nous apprend que la reine
Ingolberge, veuve du roi Charibert, qui commença à
régner en 561, fit son testament devant un notaire. Il
ressort aussi des formules de Marculfe, écrites dans la
seconde moitié du VIIe siècle, qu'il existait alors des notaires (1).

Mais il faut se garder de considérer les notaires de cette
lointaine époque comme revêtus d'un caractère officiel,
comme investis d'une mission publique. « C'étaient, dit
M. Dupin, dans son très remarquable rapport sur la loi
du 21 juin 1843, de simples écrivains un peu moins igno-
rants que leurs clients, qui se chargeaient de retracer gros-
sièrement sur le papier les rares et minimes transactions
d'une société à l'état d'enfance. Les conventions dont ils se
faisaient les rédacteurs n'étaient que des actes privés, des-
tinés à expliquer un peu plus clairement la volonté des
parties, et à la protéger contre les incertitudes et la fragilité de la mémoire. C'étaient de simples feuilles volantes
dont il ne restait point de minutes, et qui n'étaient inscri-
tes sur aucun registre. Loin de faire, par leur valeur in-
trinsèque, preuve de la convention qu'elles renfermaient,

____

(1) « Testamentum nostrum condidimus quod illi notario scriben-
dum commissimus », XVIIe formule.

elles avaient besoin d'être certifiées par des témoins, et n'acquéraient l'authenticité et la puissance exécutoire que par l'entérinement devant un magistrat (1). »

Charlemagne, dont l'esprit d'organisation se manifesta si remarquablement à cette époque troublée, comprit que la mission de recevoir les conventions humaines était trop importante et tenait trop à l'intérêt général pour ne pas être revêtue d'un caractère public. Il ordonna à ses envoyés de nommer des notaires dans les lieux de son domaine propre, et aux évêques, abbés et comtes, d'en nommer dans leur territoire (Capitulaires des années 803 et 805). On les appelait *judices chartularii*. Mais cette innovation, dont on avait pu apprécier les heureux effets, sombra dans l'anarchie des règnes suivants.

4. Il convient de remarquer qu'établi sur de pareilles bases, le ministère du notaire était une dépendance du pouvoir juridictionnel. C'était la juridiction volontaire à côté de la juridiction contentieuse. Pendant longtemps même, ces deux juridictions furent réunies dans les mains du magistrat (2). Et le caractère juridictionnel, dont furent empreintes, à l'origine, les fonctions de notaire, subsista toujours avec plus ou moins d'apparence et d'intensité jusqu'à la fin de l'ancien droit (3).

(1) *Moniteur officiel* du 4 mars 1843, *Journal des Notaires*, article 11570.

(2) Loyseau, *Des offices*, L. 2, C. 5, n° 48. « Lorsque le comte tenait le plaids, tous les contrats se passaient devant lui en présence de témoins, il les faisait écrire par son chancelier. »

(3) Jusqu'à la Révolution, les notaires de Paris ont pris la qualité

Il appartenait à Saint-Louis d'opérer les réformes qu'avait entreprises le génie de Charlemagne. Il établit en 1270 soixante notaires pour la prévôté de Paris. Ceux-ci avaient la mission de recevoir les actes de la juridiction volontaire et de leur imprimer la force de l'autorité publique.

Ces notaires formaient une sorte de confrérie qui avait son centre commun au Châtelet. Ils ne pouvaient instrumenter que dans une salle à eux destinée. Ils devaient être *deux* pour recevoir l'acte et le porter ensemble au scelleur, qui y apposait, sans l'autorité du prévôt de Paris, le sceau de la juridiction du Châtelet (1).

Cette prescription de la réception de l'acte par deux notaires apparaît pour la première fois dans notre législation. Elle fut manifestement inspirée par le souci légitime d'assurer la sincérité des actes notariés. A une époque où le notariat présentait peu de garanties d'instruction et d'honorabilité, il pouvait être utile et sage de se prémunir contre l'ignorance ou l'improbité. Cette mesure est, du reste, identique dans son esprit et dans sa portée à celle qui était en vigueur au temps de Justinien (2): vraisem-

de *notaires au Châtelet de Paris*, et ils intitulaient leurs grosses au nom du prévôt de Paris.

Aujourd'hui encore, on appelle parfois les notaires des fonctionnaires chargés de la juridiction volontaire par opposition aux magistrats chargés de la juridiction contentieuse. Mais cette qualification n'a qu'une valeur toute nominale.

(1) Dupin, op. cit.

(2) Voir page 10, n° 2 *in fine*.

blablement, l'assistance d'un second notaire devait, dans l'intention du roi, remplir le même office et exercer la même influence que la présence des deux témoins.

5. Plus tard, le nombre des notaires s'accrut. En même temps, dans un but facile à comprendre, ceux-ci se dispensèrent d'aller au Châtelet pour y instrumenter et s'établirent dans les différents quartiers de la ville. Cette première violation de l'édit royal en entraîna une autre. Il était, en effet, beaucoup plus difficile qu'autrefois d'observer la règle de la réception des actes par deux notaires. Chacun d'eux, préoccupé avant tout des affaires de son étude et des intérêts de sa clientèle, se montrait peu disposé à assister comme simple spectateur à la rédaction de l'acte d'un collègue, et le sentiment d'une étroite confraternité qui eût pu, à la rigueur, les ramener à l'observance de leur devoir professionnel, ne s'était pas encore éveillé dans cette corporation naissante. De sorte que peu à peu la règle tomba en désuétude.

C'était une précieuse garantie qui disparaissait. Le roi Philippe IV le comprit. Il ramena le nombre des notaires de Paris à 60 et ordonna « qu'ils recevraient les contrats dans des lieux et en des heures et temps non suspects, et *par devant des témoins connus et dignes de foi* » (édit de 1304).

A la fin du XVe siècle, le roi Louis XI, dans une ordonnance de 1498 (art. 66), vint rappeler la nécessité de la présence de deux notaires ou d'un notaire et de deux témoins à la confection des actes authentiques.

Pareille disposition se retrouve dans les ordonnances de 1507, 1539 (art. 175), 1579 (art. 66).

6. Comme le fait très judicieusement remarquer M. Dupin (1), ces rappels successifs à l'observation de la règle témoignent éloquemment de la lutte qui s'était établie sur ce point entre la loi et les mœurs, de l'opposition latente et continue entre la théorie et la pratique. Il est facile, du reste, d'en découvrir les raisons. Une telle prescription apparaissait plutôt comme une contrainte que comme une garantie. Elle favorisait la divulgation du contenu des actes, et, en conséquence, révélait la situation pécuniaire des parties. Elle était un obstacle à la rapide conclusion des affaires par la difficulté que l'on éprouvait de se procurer des témoins ou un second notaire. Elle entraînait une surcharge de frais, ce service professionnel donnant droit à rémunération. De plus, on contestait assez généralement l'utilité de cette mesure. La présence du notaire en second n'avait, en fait, aucune efficacité : celui-ci jouait à la réception de l'acte un rôle entièrement passif et s'en désintéressait d'ailleurs totalement. Nous en avons la preuve authentique dans le préambule d'un édit de Henri III, de juillet 1584 (2). Cet édit déchargeait les parties des honoraires du notaire en second.

(1) Loc. cit.

(2) « La présence de deux notaires à recevoir un contrat n'est aucunement nécessaire. Car l'un d'iceux la plupart du temps *n'escoute pas ce qui s'y fait*, et n'y est que pour approbation, *comme simple tesmoin*, et néanmoins ce sont *grands frais* à nos dicts sujets (même quand il faut aller recevoir les contrats aux champs) et *grand peine*

7. En même temps que ces idées commençaient à se faire jour, la civilisation progressait, l'instruction se répandait. Le notariat, qui jusqu'alors avait été exercé par des personnes d'une condition sociale inférieure, si l'on en juge par l'article 25 de l'ordonnance de 1304 (1), était une situation recherchée par la haute bourgeoisie, devenait une profession entourée d'une certaine considération. Le recrutement des notaires s'améliorait sensiblement. Ceux-ci apportaient dans l'exercice de leurs fonctions plus de connaissances et de délicatesse. Le besoin d'un contrôle se faisait donc de moins en moins sentir. On trouvait dans le souci qu'avait le notaire de sa dignité et de sa réputation professionnelle une garantie aussi précieuse et aussi sûre que dans l'assistance d'un collègue. Dès lors, la tendance à l'inobservation de la règle s'accentua de plus en plus ; on estimait avoir suffisamment respecté la prescription royale lorsque le notaire en second apposait à l'acte sa signature sans avoir assisté à la rédaction. Ainsi entendue et pratiquée, cette formalité devenait une sorte de légalisation officieuse de la signature du notaire rédacteur, une espèce de contreseing imprimé après coup.

Plusieurs documents authentiques ne laissent aucun doute à ce sujet.

à les assembler, et bien souvent il n'y a que émulation et envie entre les dicts notaires, lequel d'eux recevra le contrat, et qui le enregistrera, et autres causes semblables. »

(1) « Nullo vili officio vel ministerio se immisceant vel utantur, nec carnifices vel barbitonsores existant. »

Les statuts et réglements des conseillers du roi, notaires au Châtelet de Paris, du 30 avril 1679 (1) obligeaient les notaires de signer l'un pour l'autre les actes et les contrats non contraires aux ordonnances et bonnes mœurs, à peine d'une légère amende. C'était donc un pur service professionnel.

Un édit de Louis XIV, d'octobre 1691, étendit cette pratique aux notaires de Lyon (2).

Mentionnons encore une déclaration du 4 septembre 1706 portant création de notaires syndics dans les villes et bourgs du royaume (3).

En réalité, ces documents consacrent l'usage qui s'était universellement répandu de ne plus exiger l'assistance effective et constituent une démonstration, que nous estimons probante, de notre précédente affirmation, à savoir que la règle tomba en désuétude le jour où elle ne correspondit plus à un besoin immédiat, le jour où la corporation eut donné des preuves satisfaisantes de son savoir et de son honorabilité. Cet usage, dont nous venons de voir

(1) Ces statuts furent enregistrés au Parlement de Paris, le 13 mai 1681.

(2) « Dispensons les notaire de prendre à l'avenir des témoins pour signer avec eux les actes qu'ils passeront, *en les faisant signer en second par un de leurs confrères, ainsi qu'il se pratique par les notaires de notre bonne ville de Paris*, sans néanmoins rien innover à l'usage établi pour les testaments solennels ».

(3) Lesdits notaires *signeront en second* tous les contrats et actes qui seront passés *par leurs confrères*, et leur sera payé 2 sols 6 deniers pour chacun desdits actes. Lesdits notaires *ne pourront être repris pour les actes qu'ils auront signés en second* mais seulement pour ceux qu'ils auront passés comme notaires.

L. 2

la consécration législative, s'étendit naturellement aux témoins instrumentaires qui jouaient le rôle d'un second notaire, qui en étaient l'équivalent. Primitivement cependant cette assimilation fit difficulté, mais à la fin du XVIIIe siècle elle n'était plus sérieusement contestée : la jurisprudence et les auteurs admettaient unanimement l'affirmative, se conformant en cela aux enseignements de la raison.

8. La législation révolutionnaire (1), qui réorganisa le notariat sur de nouvelles bases en le considérant comme une émanation du pouvoir exécutif et non pas une dépendance du pouvoir judiciaire, ne paraît pas avoir voulu modifier la forme des actes notariés. L'article 4 de la section 2 du titre Ier du décret précité dispose : Provisoirement et jusqu'à la confection du Code civil, les actes des notaires publics seront reçus dans chaque lieu suivant les *anciennes formes...*

Ce texte, qu'on désirerait plus clair et plus précis, révèle cependant suffisamment l'intention chez le législateur de ne pas innover en cette matière et de se référer purement et simplement à l'ordre des choses existant. Or nous savons quel était à la fin de l'ancien droit l'usage constamment suivi, unanimement accepté.

On peut faire à l'article 9, section II, titre I de la loi du 25 ventôse an XI, loi organique du notariat, le même reproche de laconisme.

« Les actes seront reçus, dit cet article, par deux notaires ou par un notaire assisté de deux témoins, citoyens

(1) Décret du 29 septembre-6 octobre 1791.

français, sachant signer, et domiciliés dans l'arrondissement communal où l'acte sera passé. »

Quelle que soit l'imprécision du texte il est permis d'affirmer, comme pour l'article précédent, que ses rédacteurs n'entendaient nullement faire œuvre de réformateurs. Nous allons essayer de le démontrer.

Il n'est pas possible, en effet, que le législateur de cette époque, dont on ne saurait impartialement contester la science juridique, ait ignoré une pratique dont la force et la continuité étaient telles qu'elles avaient fini par triompher de l'autorité de la règle. Bien certainement, au moment de l'élaboration et de la discussion de la loi, une telle persistance, une telle vitalité dans la tradition a dû frapper son esprit. Il a dû examiner de près ce conflit entre la règle et les mœurs, en dégager les raisons, en apprécier les résultats et en tirer cette évidente conclusion qu'une garantie, établie pour le peuple et volontairement abandonnée par lui, devait recéler des causes d'antipathie, même de répulsion. Puis, s'inspirant de cette idée, il a donné son assentiment au maintien d'un usage qui avait subi avec succès l'épreuve concluante du temps. Voilà pourquoi, ne voulant pas détruire ce que les circonstances et les tendances avaient établi, il préféra reproduire assez fidèlement les dispositions des anciens édits et ordonnances relatifs à la matière. Ainsi, cette quasi-similitude de rédaction entre l'article 9 de la loi de ventôse et les dispositions des anciennes ordonnances fournit un argument précieux en faveur de la conservation des anciens usages. Il est manifeste, en effet, que si le législateur avait voulu rompre avec un usage aussi invétéré, il aurait soigneusement évité d'employer une formule qui parût quelque peu imitée des anciennes : ce qui eût pu opérer et entretenir une regrettable confusion. Alors nous aboutissons à cette conclusion que, sous l'empire de la loi de ventôse comme sous le règne de l'ancienne législation, la règle de la présence du second notaire devait être considérée comme une pure formalité, que la volonté du législateur, comme jadis celle du pouvoir royal, était suffisamment respectée et obéie par l'apposition de la signature après la passation de l'acte.

Une autre raison milite en faveur de cette interprétation. La législation révolutionnaire, nous le savons, a modifié les principes qui régissaient l'institution du notariat. Elle a brisé les liens qui la rattachaient depuis plusieurs siècles à l'autorité judiciaire et en a fait une émanation de la puissance exécutive. Elle a voulu, en réservant le droit de nomination au gouvernement, imposer au notaire l'investiture de l'autorité publique. Elle en a fait un fonctionnaire public (1). Le résultat de l'intervention de l'État comme pouvoir nominateur fut d'accroître le prestige de l'institution et de donner aux notaires plus de crédit dans l'exercice de leurs fonctions. L'application des nouveaux principes devait, en effet, procurer à la société

______

(1) Art. 1 de la section II du titre I du décret du 29 septembre-6 octobre 1791. — Art. 1 de la loi du 25 ventôse-5 germinal an XI.

une garantie contre l'impéritie ou l'improbité des titulaires. Il est donc naturel que les auteurs de la loi de ventôse, convaincus de la haute efficacité de ces principes, n'aient pas songé à rétablir les anciennes mesures de protection que, dans des âges lointains, le pouvoir royal prévoyant avait cru devoir adopter et qui avaient perdu beaucoup de leur utilité. Désormais le contrôle des pouvoirs publics et l'honorabilité personnelle des notaires devaient constituer à leurs yeux de suffisantes garanties.

Enfin, un dernier argument, d'ordre législatif, vient confirmer cette interprétation. Lors de l'examen et de la discussion de la loi de ventôse au sein du Tribunat, la section de législation proposa un amendement ayant pour effet d'exiger la présence réelle du notaire second. Aux termes de cet amendement la rédaction de l'article 9 devait être modifiée de façon à lever toute équivoque, il suffisait d'intercaler le mot : *conjointement* : les actes seront reçus par deux notaires *conjointement*. Si cette proposition avait été accueillie, elle eût opéré un changement complet dans la pratique notariale. Elle eût substitué une règle positive et catégorique à un usage séculaire. Mais elle ne fut pas maintenue, elle n'affronta même pas la discussion devant le Conseil d'État, car, à la suite d'explications entre la section de législation du Tribunat et celle du Conseil d'État, la première consentit à abandonner le projet. Nous possédons même à ce sujet un document qui nous éclaire sur les motifs du retrait (1).

(1) L'amendement proposé par le Tribunat sur l'article 9 de la loi

Il semble difficilement admissible que le Corps législatif ait différé d'avis sur ce point avec le Tribunat et le Conseil d'État. Rien dans la discussion de la loi de ventôse devant cette assemblée ne le fait supposer. Dès lors, à moins d'entrer dans le domaine des hypothèses et de négliger les antécédents de la loi, il convient d'envisager l'article 9 comme le reflet fidèle de l'opinion de ces deux assemblées, c'est-à-dire comme la consécration légale d'un constant usage.

9. Cependant cette interprétation, si fondée qu'elle apparaisse aux yeux de la raison ne recueillit pas l'unanimité des suffrages de la doctrine. Des jurisconsultes comme Toullier (1) et Rutgeerts (2), d'une incontestable autorité, se sont toujours prononcés pour l'assistance réelle des deux notaires. Quant à la jurisprudence, après avoir

du 25 ventôse an 11 n'a pas même été présenté au Conseil d'État ; il est du nombre de ceux que la section du Tribunat n'a pas hésité à abandonner dans la conférence qui s'est engagée entre elle et la section du Conseil ; on a reconnu, de part et d'autre, que la présence actuelle de deux notaires était chose impraticable pour cette multitude d'actes qui se font journellement, surtout à Paris, et deviendrait très dispendieuse pour les parties ; il aurait fallu, par exemple, que, pour la procuration la moins importante, un notaire se déplaçât : et ce même déplacement se serait répété plusieurs fois dans la journée. Par ces considérations on a réservé la nécessité de la présence actuelle pour le seul cas des testaments, parce qu'alors et au moment de l'ouverture, le testateur n'est plus là pour reconnaître si l'on n'a point changé quelques-unes de ses dispositions, ce qui n'est pas sans exemple, et ce qui nécessitait une garantie de plus. » Locré, Procès-verbaux du Conseil d'État.

(1) Tome VIII, n° 78.

(2) *Commentaire sur la loi de ventôse, an XI.* Tome I, n° 331.

sanctionné pendant longtemps l'opinion que nous avons exposée (1), elle crut devoir l'abandonner et se ranger à l'argumentation des partisans de l'opinion adverse (2).

Il faut imputer cette divergence de vues au défaut de clarté du texte ou plutôt à la diversité de méthode d'interprétation. Nous avons exprimé précédemment le regret que le législateur n'ait pas manifesté plus clairement sa pensée en précisant la signification du mot *reçu* : toute controverse ainsi eût été évitée. Mais, quelle que soit l'imperfection du texte, la discussion n'eût pas pris naissance si les partisans de l'opinion adverse n'avaient perdu de vue un des principes les plus élevés et les plus certains en matière d'interprétation. En effet, il est communément admis que pour bien saisir le sens et la portée d'une disposition légale, il faut non pas seulement s'attacher à l'explication littérale des différents termes du texte, mais aussi et surtout rechercher la pensée du législateur, en dégager les intentions, s'inspirer des circonstances qui ont entouré l'élaboration de la loi, en considérer les antécédents historiques. C'est précisément pour n'avoir pas observé fidèlement cette méthode, en attribuant une trop grande importance à l'interprétation littérale et servile du texte et en s'abstenant de pénétrer l'esprit de celui-ci, que certains auteurs et la jurisprudence à leur suite ont cru trou-

(1) Arrêt de la Cour de Rennes du 29 juin 1824 ; arrêt de la Cour de cassation du 14 juillet 1825. *Journal des Notaires*. art. 5449.

(2) Arrêt de la Cour de cassation du 7 mai 1839. du 1er juin 1842. *J. des Notaires*. art. 11.659.

ver dans les termes de l'article 9 de la loi de ventôse l'énonciation d'une règle qui en est manifestement absente.

10. Quoiqu'il en soit, les contradictions de la doctrine et surtout l'oscillation de la jurisprudence pouvaient avoir les plus graves conséquences. Le notariat était menacé d'une crise violente. S'étant toujours conformé, pour la réception des actes, à l'usage dont la Cour suprême venait de prononcer la condamnation, il craignait avec raison que la mauvaise foi, s'appuyant sur l'autorité d'une telle décision, ne vint provoquer et obtenir l'annulation de ces actes. Il entrevoyait l'effrayante responsabilité qui résulterait pour lui de la résolution des droits. L'heure était critique. Le gouvernement s'émut de cette situation périlleuse ; il se préoccupa des moyens propres à conjurer les dangers de ruine qui menaçaient les notaires. Un seul pouvait avoir une réelle efficacité sans porter atteinte aux principes fondamentaux du droit : l'interprétation du texte controversé *par voie d'autorité*, c'est-à-dire par les représentants du pouvoir législatif. C'est alors que fut décidée l'élaboration d'un projet de loi qui contiendrait à la fois l'interprétation de l'article 9 de la loi de ventôse dans un sens conforme à l'usage universellement reçu et l'énonciation claire et précise de la règle régissant pour l'avenir la forme des actes notariés. Ce projet devint la loi du 21 juin 1843.

CHAPITRE II

RÉGIME ACTUEL. — LOI DU 21 JUIN 1843.

11. La loi du 21 juin 1843, encore en vigueur de nos jours, fut la réponse du législateur à la jurisprudence de la Cour de cassation. Comme nous venons de le voir, elle eut pour but et pour effet de dissiper les inquiétudes qu'avaient fait naître des arrêts récents, de fixer le sens d'une loi dont l'interprétation était abandonnée « aux hasards d'une jurisprudence incertaine et contradictoire ». Cette loi dispose :

Art. 1er. — Les actes notariés, passés depuis la promulgation de la loi du 25 ventôse an XI, ne peuvent être annulés par le motif que le notaire en second ou les deux témoins instrumentaires n'auraient pas été présents à la réception des dits actes.

Art. 2. — A l'avenir, les actes notariés contenant donation entre-vifs, donation entre époux pendant le mariage, révocation de donation ou de testament, reconnaissance d'enfants naturels, et les procurations pour consentir ces divers actes, seront, à peine de nullité, reçus conjointement par deux notaires, ou par un notaire en présence de deux témoins. La présence du notaire en second et des deux témoins n'est requise qu'au moment de la lecture des actes par le notaire et de la signature par les parties : elle sera mentionnée à peine de nullité (1).

12. On a fait à cette loi des critiques d'ordre législatif et d'ordre juridique.

On lui a reproché tout d'abord son caractère interprétatif qu'on trouvait incompatible avec la nature d'une loi, émanation du pouvoir législatif. Seul le pouvoir judiciaire, disait-on, a reçu de la constitution la mission d'interpréter les lois. En le faisant, le législateur a excédé ses pouvoirs, s'est substitué aux tribunaux et a rendu un jugement sur des actes accomplis.

Un tel reproche est immérité. Le législateur de 1843 ne s'est pas écarté de la voie qui lui a été tracée par la constitution, il n'a pas empiété sur les attributions des magistrats. En effet, comme dit M. Dupin (2), il y a deux sortes d'interprétation : l'interprétation par voie de doctrine et l'interprétation par voie d'autorité. « La première appartient à tous, au jurisconsulte, au juge, elle n'a de puissance que par l'assentiment qu'elle recueille », elle n'a d'efficacité que dans les limites d'un débat. Sa force obligatoire est toute relative, sa valeur dépend essentiellement de l'autorité de l'interprète. « La seconde fixe le sens d'un

(1) Art. 3. — Les autres actes continueront à être régis par l'article 9 de la loi du 25 ventôse an XI, tel qu'il est appliqué dans l'article 1er de la présente loi.

Art. 4. — Il n'est rien innové aux dispositions du Code civil sur la forme des testaments.

(2) Loc. cit.

texte obscur ou ambigu, par forme de disposition générale et obligatoire pour tous les citoyens et les tribunaux. Elle est évidemment du domaine du législateur. » C'est un commentaire légal. Sa légitimité est parfaitement établie : elle procède de cette maxime fondamentale : *ejus est interpretari cujus est condere.* Elle est entièrement conforme à la nature des pouvoirs du législateur, elle n'est, en quelque sorte, que le prolongement de son action législative.

Il résulte de ce développement que les deux interprétations ont chacune leur sphère et leur utilité propre. Lorsqu'une contestation s'élève devant les tribunaux, ceux-ci ont pour mission d'appliquer aux parties litigantes la loi qui régit le débat, et, si le texte est obscur, d'en découvrir le sens, d'en délimiter la portée. Mais lorsque l'obscurité du texte est telle que les différences d'interprétation peuvent conduire à des solutions diamétralement opposées, que la jurisprudence incertaine flotte entre l'une et l'autre de ces extrémités, que cette incertitude peut amener une grave perturbation dans les rapports juridiques et l'état des personnes, le législateur a le devoir impérieux de corriger les imperfections de son œuvre, de dissiper toute équivoque en interprétant le texte. C'est ce qu'il fit dans la loi de 1843 explicative de l'article 9 de la loi de ventôse.

13. Une seconde critique qui est, en vérité, la conséquence de la première, a été formulée contre cette loi. Elle est d'ordre juridique et vise le principe de non-rétroactivité.

S'il est un principe indiscutable, a-t-on dit, inscrit au frontispice du Code civil (Titre préliminaire, art. 2), que l'on trouve à la base de toutes les législations, c'est celui qui, interdisant à une loi tout effet rétroactif, n'autorise son action que sur les faits futurs. Or, la loi de 1843, en soumettant à son empire tous les actes accomplis depuis la loi de ventôse, viole ouvertement ce principe fondamental.

Rien n'est moins fondé que cette critique qui provient d'une confusion grave entre la loi interprétative et la loi rétroactive.

La loi rétroactive est celle qui, posant un principe nouveau, étend son action dans le passé, sur tous les actes accomplis sous l'empire d'un principe différent. Une telle loi ne peut se justifier qu'exceptionnellement, lorsqu'elle améliore la situation de tous les citoyens sans violer aucun droit acquis. La loi interprétative, au contraire, ne crée pas, ne pose pas de principe nouveau, « elle explique, elle fixe le sens d'une règle préexistante ». Or, tel est bien le caractère précis et la portée véritable de la loi de 1843 : elle ne produit donc aucun effet rétroactif. Au reste, comme l'a fait remarquer le savant rapporteur de la loi, l'interprétation donnée devait être sans effet sur les espèces jugées en sens contraire, sur les affaires qui avaient fait l'objet d'un débat définitivement tranché. L'autorité de la chose jugée commandait cette solution.

14. La loi de 1843 a eu le grand mérite de déterminer

nettement le rôle du notaire en second et des témoins. Ce rôle est purement passif, l'article 1 de la loi le prouve suffisamment et n'autorise aucun scrupule. C'est, comme l'a défini très justement un arrêt de la Cour de Paris du 23 janvier 1834 : « Une espèce de légalisation officieuse de la signature du notaire rédacteur (1) .» Restreinte dans de pareilles limites, l'intervention du notaire en second ne peut pas avoir de sérieuse efficacité et l'on s'est demandé à juste titre pourquoi le législateur de 1843 n'a pas cru devoir supprimer une règle de pure formalité : ce qui eût été une solution plus radicale et plus logique.

Au reste, l'intérêt public n'exigeait pas le maintien de cette règle de défiance instituée à une époque profondément différente. Le notariat grandissait en prestige et en honorabilité. Il était respecté à l'instar d'une magistrature. De plus, certains officiers ou fonctionnaires publics dont les fonctions sont moins considérables jouissent de la faculté d'authentiquer seuls les actes de leur ministère (2). Pourquoi cette exception peu satisfaisante? Le rapporteur de la loi, prévoyant cette objection si judicieuse, y répondit par anticipation : « On a considéré d'une part que la formalité de la signature après coup du second notaire ou des témoins était sans inconvénients pour les parties et d'un accomplissement facile pour les notaires. D'un autre côté, et bien que ce ne soit pas une garantie puissante, cet

---

(1) Sirey, 1834, 2, 81.
(2) Huissiers, agents forestiers.

usage a cependant quelques avantages. Ainsi, le notaire
second, sans pénétrer indiscrètement dans le secret des
actes, vérifie si les formes extérieures sont observées, si
le protocole est régulier, si les renvois et l'énoncé des
mots nuls sont exactement paraphés, si l'acte ne contient
pas des blancs ou des interlignes dont on puisse abu-
ser (1).» Mais est-ce là l'unique raison du maintien d'une
formalité qu'à un autre endroit de son rapport l'honorable M. Dupin qualifiait d'illusoire? N'en est-il pas d'autres? Peut-être! Rappelons-nous en effet, que la loi de
1843 était, dans l'intention du législateur, nettement interprétative. Or, pour que ce caractère ne pût être contesté,
il convenait, autant que possible, de ne pas établir de
règles nouvelles, de reproduire même fidèlement celle dont
l'interprétation s'imposait. De la sorte c'était le même
principe qu'une formule nouvelle rajeunissait et expliquait.
On pouvait espérer détourner le soupçon, éviter le reproche, immérité du reste, de rétroactivité.

(1) Op. et loc. cit.

CHAPITRE III

15. Nous étudierons dans ce chapitre le rôle joué par le notaire en second dans les différents actes notariés, la responsabilité à laquelle il peut être assujetti dans l'exercice de ses fonctions. Nous rechercherons ensuite la solution des questions que soulève l'application de la règle, des points controversés sur lesquels ont statué des arrêts récents. Nous terminerons par un aperçu général de la loi de 1843, de son mérite et de son efficacité.

Ce chapitre sera divisé en un certain nombre de sections.

Section I. — Fonctions du notaire en second.

Section II. — Principes de responsabilité.

Section III. — Délai d'apposition de la signature du notaire en second.

Section IV. — Du droit de réquisition du ministère du notaire en second.

Section V. — Droit du notaire second aux honoraires de l'acte.

Section VI. — Conclusion.

SECTION PREMIÈRE

FONCTIONS DU NOTAIRE EN SECOND.

16. La loi de 1843 n'a pas assigné au notaire second un rôle identique dans tous les actes notariés. En règle générale il n'est pas obligé d'assister à la réception de l'acte ; il lui suffit d'apposer sa signature postérieurement à la confection (art. 1). Pour certains actes, à titre exceptionnel, la présence réelle est impérieusement requise (art. 2). Telle est l'économie de la loi.

Le législateur semble avoir redouté de formuler une règle qui pût prêter à l'équivoque, si l'on en juge par les explications multiples auxquelles le mot réception a donné lieu. Rien de plus naturel. Ce mot a une importance capitale. C'est son obscurité qui a motivé la loi de 1843. Il convenait donc d'en préciser nettement le sens afin de ne pas obliger le législateur de l'avenir à en donner une nouvelle interprétation légale.

17. Qu'entendons-nous par réception ? La réception d'un acte comprend quatre phases : la discussion des conventions, la rédaction, la lecture, la signature. Ces différentes phases n'ont pas toutes une égale importance, mais il a été formellement entendu qu'on ne ferait entre elles

aucune distinction et que la présence du notaire second
ne serait exigée à aucun moment. « Il est bien entendu,
a dit M. Sauzet, président de la Chambre des députés, en
résumant la discussion élevée sur ces points, que la présence du notaire en second ou des témoins instrumentaires n'est exigée comme condition de validité à *aucune des
phases de la réception des actes* (1). » Une telle formalité
ne peut avoir qu'une efficacité illusoire, aussi Marcadé la
qualifie-t-il de *comédie légale*. Nous reviendrons, du reste,
ultérieurement sur ce sujet.

18. Certains actes (2) particulièrement importants ont
été soustraits à l'application de la règle générale. Le législateur a voulu les entourer d'une garantie plus effective
en exigeant pour leur validité l'assistance réelle du notaire
ou des témoins.

On ne saurait blâmer cette décision conforme aux enseignements de l'expérience et de la raison. Il est remar-

____

(1) Un député, M. Regnault, avait demandé si la commission entendait l'article 3 dans le sens d'une signature donnée après coup par le
notaire et les témoins. — M. le garde des sceaux : Cela ne fait aucun
doute. — M. le Président : La commission ayant dit que les autres
actes continueront à être régis par l'article 9 de la loi de ventôse, tel
qu'il a été expliqué, et l'explication consistant à dire que la présence
à la réception n'est pas nécessaire et que la réception ne peut être
annulée pour défaut de présence, il ne saurait y avoir aucun doute,
l'explication est donnée.

Discussion de la loi. — *Journal des Notaires.* — Art. 11, 661.

(2) Donation entre vifs, donation entre époux pendant le mariage,
révocation de donation ou de testament, reconnaissance d'enfants
naturels et procurations pour consentir ces divers actes.

quable, en effet, que les donations ont toujours provoqué de nombreux procès engagés pour cause de suggestion ou de captation, qu'elles ne reçoivent souvent d'exécution qu'au lendemain de la mort du donateur parce qu'elles sont faites avec réserve d'usufruit, qu'ainsi il peut être difficile aux juges d'être éclairés sur les circonstances dont fut entourée la conclusion de l'acte, d'apprécier le litige en toute connaissance de cause. De pareils faits ne pouvaient pas échapper à la vigilance du législateur. Si l'on ajoute à ces considérations que le Code civil a fait de la donation un contrat solennel, on comprendra aisément que l'exigence de la présence réelle se justifiait au double point de vue de la prudence et de la logique.

19. Les autres actes énumérés dans l'article 2, sans être aussi facilement accessibles aux manœuvres frauduleuses et captatoires, devaient être l'objet des mêmes mesures de précaution à cause de leur gravité particulière. Quant aux contrats de mariage, après avoir figuré dans l'énumération que contenait le projet de loi, ils en furent rayés sur la proposition de M. Hébert. On a pensé que les préliminaires qui précèdent d'ordinaire ces actes dans les deux familles sont tels que pour eux les précautions de l'article 2 étaient inutiles (1). Cependant, l'avantage de

---

(1) Colmet de Santerre donne de cette solution une explication assez satisfaisante — *Cours analytique du Code civil*, tome VI, nº 11 bis, III. — Il estime que, le contrat de mariage n'étant parfait qu'après la célébration, les extorsions, violences ou pressions qui ont pu être exercées contre l'un des futurs époux en vue de le déterminer à don-

cette modification a été sérieusement contesté, et si l'on songe aux complications qui peuvent en résulter — du moins d'après la jurisprudence (1) — il est permis de regretter la première rédaction de la loi.

20. Quelles sont exactement les fonctions du notaire en second ou des témoins dans la réception des actes visés par l'article 2 ? Quelle est la signification précise des mots : *reçus conjointement ?* M. Philippe Dupin a répondu : « La commission a donné mission expresse à son rapporteur d'expliquer que par ces mots on ne doit pas entendre que le second notaire et les témoins seront présents à toutes les discussions des parties, ni aux conférences préliminaires des actes de donation. Il suffit qu'ils soient présents au moment de la formation définitive du contrat, c'est-à-dire au moment où les conventions sont échangées et fixées irrévocablement, en d'autres termes au moment où les conventions sont lues, vérifiées, acceptées et certifiées par les signatures de tous ceux qui doivent concourir à l'acte (2). »

Cette explication, remarquablement nette, avait sa nécessité. Le rapporteur craignait qu'une interprétation trop

---

ner son consentement sont peu redoutables, car celui-ci a le temps, dans l'intervalle qui s'écoule de la confection à la célébration, de réfléchir sur les conséquences de son acte et de se rétracter. La présence du notaire second ou des témoins, conclut-il, serait une garantie presque inutile.

(1) Voir arrêt de la Cour d'Orléans du 26 janvier 1895 (S. 1895, 2, 1) et arrêt de cassation du 31 mai 1897 (S. 1897, 1. — *J. du Notarial,* 1897, page 420). — Voir infra, section III.

(2) Op. et loc. cit.

minutieuse ne découvrit dans le texte l'obligation pour le notaire d'assister à toutes les phases indistinctement de la réception des actes. Or, une telle décision ne pouvait être dans sa pensée. Il n'ignorait pas les obstacles multiples qui se seraient opposés à son exécution. C'est pourquoi, voulant détruire le germe d'une controverse, il a formellement déclaré que l'obligation de l'assistance réelle ne s'appliquait qu'à la lecture et à la signature de l'acte. A la suite de cette explication la première partie du deuxième alinéa de l'article 2 a été ajoutée.

21. Afin d'assurer l'observation de cette prescription, le législateur a voulu que ces différents actes portassent la mention de la présence réelle du notaire second ou des témoins. La sanction du défaut de mention est la nullité de l'acte : ainsi dispose le deuxième alinéa *in fine* de l'article 2. Cette disposition est prévoyante et habile, car elle rend la fraude difficile et dangereuse : c'est une mesure salutaire qui retient le notaire dans la voie du devoir. Il est peu probable, en effet, que celui-ci, cédant aux suggestions de l'intérêt, s'affranchisse d'une règle dont la violation entraîne la nullité de l'acte. D'un autre côté, en mentionnant la présence réelle de son collègue ou des témoins, alors que ceux-ci n'ont pas assisté à la réception de l'acte, il commet un faux en écritures publiques, ce qui, aux termes de l'article 146 du Code pénal, le rend passible de la peine des travaux forcés à perpétuité.

22. L'article 4 de la loi décide : il n'est rien innové aux dispositions du Code civil sur la forme des testaments. En cette délicate matière, que le législateur a cru devoir réglementer minutieusement, le rôle du notaire en second est donc déterminé par des règles spéciales (1). « Le testament par acte public est celui qui est reçu par deux notaires en présence de quatre témoins », dit l'article 971 du Code civil. Il convenait de se montrer plus exigeant à l'égard des testaments qu'à l'égard des actes notariés ordinaires, et de protéger, par des mesures spéciales, la liberté du testateur. « Il a pu paraître nécessaire de multiplier le nombre des surveillants, afin d'assurer l'indépendance du testateur, trop souvent assiégé par l'intrigue et la cupidité (2). »

Est-ce à dire que le Code civil contient, en ce qui concerne la forme des testaments, un système complet de législation ? Nullement. La loi du 25 ventôse an XI, qu'on a si justement appelée la charte du notariat, régit les testaments comme les autres actes : son champ d'application s'étend jusqu'aux dernières limites de la compétence *ratione materiæ* des notaires. Toutefois, puisque les testaments, en raison de leur importance et des dangers auxquels ils sont exposés, ont été l'objet d'une réglementation spéciale, les prescriptions de la loi de ventôse ne sauraient être appliquées intégralement. Conformément au

(1) Il en était déjà ainsi sous l'Ancien Droit. Le pouvoir royal avait compris l'utilité de soumettre les testaments solennels à une réglementation distincte. L'ordonnance d'octobre 1691, notamment, souligne formellement cette diversité de régime (Voir supra, page 17, note 2).

(2) Baudry-Lacantinerie, *Précis de Droit civil*, 6e édition, tome III, n° 1021.

vieil adage : *spéciala generalibus derogant*, l'article 971 du Code civil est exclusif de l'article 9 de la loi de ventôse. Mais il importe de déterminer nettement l'étendue de cette dérogation. Or l'on sait que toute dérogation n'est pas susceptible d'extension : *exceptio est strictissima interpretationis*, par conséquent la loi de ventôse recevra son application pour les formalités sur lesquelles le Code civil a gardé le silence (1).

La loi a assigné au notaire second un rôle plus actif, une mission plus importante dans la réception des testaments authentiques que dans celle des actes ordinaires. Alors que pour ceux-ci la présence réelle n'est exigée à aucune des phases de la réception, alors que pour les donations et plus généralement pour tous les actes mentionnés dans l'article 2 de la loi du 21 juin 1843 cette présence n'est requise qu'au moment de la lecture et de la signature de l'acte, pour les testaments, au contraire, le législateur s'est montré particulièrement sévère et a prescrit impérieusement l'assistance effective à toutes les phases, c'est-à-dire à la dictée, à l'écriture, à la lecture et à la signature de l'acte. Bien plus, outre le notaire second, la loi exige encore la présence de 2 témoins (2), elle élève ainsi autour du testateur une barrière contre laquelle viendront échouer, pense-t-elle, les efforts de la ruse ou

(1) Dans ce sens : Demolombe, Tome XXI, n° 227 bis. — Aubry et Rau, Tome VII, § 670.

(2) L'ordonnance d'août 1735 n'exigeait que deux notaires ou un notaire et deux témoins (art. 23).

de la cupidité. Peut-être s'est-elle montrée trop exigeante !
Peut-être eût-elle dû considérer la présence réelle du notaire en second comme une garantie suffisante de l'indépendance du testateur ! Car, en multipliant les surveillants, elle a favorisé indirectement la divulgation des dispositions testamentaires, résultat manifestement contraire
à la volonté du disposant qui tient à assurer le plus possible le secret de ses libéralités. La conséquence de cette
prescription c'est que le testament authentique, au lieu
d'être le plus communément employé, devient de plus en
plus rare, est supplanté dans la pratique par le testament
olographe, celui des modes de tester qui offre le plus de
prise à l'intrigue et à la captation.

SECTION II

OBLIGATIONS ET RESPONSABILITÉ.

23. Ainsi se trouve nettement précisé et déterminé,
d'après la loi du 24 juin 1843, le but de l'intervention du
notaire en second dans les différents actes où s'exerce son
ministère. Il nous reste maintenant à envisager les obligations qu'entraîne pour lui l'exercice de ses fonctions et à
considérer les cas où sa responsabilité peut être engagée.
Au seuil de cette étude, il ne semble pas inutile de faire

observer que toutes les matières dont nous allons traiter ont été l'objet d'assez vives controverses. L'unanimité ne s'est faite que sur un point nécessairement indiscutable puisqu'il a été réglé légalement : la non obligation de la présence réelle du notaire second à la réception de l'acte. Ces divergences sont regrettables. Mais, ce qui est plus grave, les décisions récentes de la jurisprudence ne sont pas rassurantes pour le notariat. Si celle-ci persistait dans la voie où elle s'est engagée, à tort selon nous, il serait nécessaire d'avoir recours à l'œuvre législative et d'élaborer un projet de loi qui, en précisant certains points discutés, rappellerait les juges à l'observation des véritables principes. Ou plutôt ne serait-il pas préférable et plus sage de ne pas attendre un revirement parfois tardif de la jurisprudence et de réaliser par une loi, dans un bref délai, les réformes utiles que le législateur de 1843 n'a pas osé entreprendre ? C'est la conclusion à laquelle nous aboutirons.

24. On a prétendu que le notaire second avait reçu de la loi, quel que soit l'acte auquel il intervient, une mission précise de contrôle de la légalité de l'acte, et l'on a basé cette assertion sur les enseignements de la raison, sur le respect de la tradition. Ainsi formulée, cette théorie est trop absolue et nous nous refusons pour notre part à l'admettre en ce qui concerne les actes visés par l'article 1er de la loi de 1843. La validité de ces actes, nous le savons déjà, n'est pas subordonnée à la présence réelle du notaire second, par conséquent, l'intervention de celui-ci ne se

produisant qu'après la confection, il serait quelque peu
osé de lui assigner une mission de surveillance ou de contrôle. Mais la loi lui fait-elle une obligation de vérifier la
contexture extérieure de l'acte ? Nous ne le pensons pas,
car il semble ressortir des explications données à la Chambre des députés par M. Dupin que les auteurs de la loi
voulaient attribuer à cette mission de vérification un caractère facultatif et non obligatoire (1).

25. Il nous est facile maintenant d'apprécier la responsabilité à laquelle peut être assujetti le notaire en second
dans l'exercice de ses fonctions. Cette question fut très
controversée avant la loi du 21 juin 1843. Selon que l'on
admettait ou non la présence réelle on devait logiquement
conclure à la responsabilité ou ne pas y conclure. Depuis
cette loi, toute controverse n'a pas entièrement disparu,
mais il convient de dire qu'elle s'est beaucoup atténuée.

Quant à nous, l'appréciation que nous avons portée sur
la nature et le caractère de la mission dont la loi a investi
le notaire second fait pressentir l'opinion que nous allons
émettre sur sa responsabilité. Suivant en cela les enseignements quasi-unanimes de la doctrine, nous repousse-
rons, en principe, cette responsabilité, nous réservant de
l'admettre dans certains cas exceptionnels que nous énu-

(1) Peut-être eût-il été plus net et plus logique d'entrer dans un
système complet de réforme, de supprimer une *formalité à peu près
illusoire*, d'effacer des actes *une pure fiction et des protocoles menteurs.....*

Rapport. *J. des Notaires*. n° 11,570.

mérerons. Mais avant d'aborder l'étude détaillée de cette délicate question, il nous paraît indispensable de rappeler et de formuler brièvement les principes de responsabilité notariale.

§ 1. — Principes généraux de la responsabilité notariale.

26. Les auteurs ne s'entendent pas sur le caractère juridique de la mission du notaire ou plutôt sur la nature du lien qui l'unit à ses clients. Certains, comme Laurent (1) voient dans la fonction notariale l'exécution d'une convention, soit mandat salarié, soit contrat innomé, qui oblige le notaire à répondre de ses fautes dans les termes des articles 1137 ou 1992 et non dans ceux des articles 1382 et 1383 du Code civil. D'autres, comme Baudry-Lacantinerie (2) appliquent au notaire la théorie du louage de services et admettent comme base de responsabilité l'article 1142. D'autres enfin, comme Paul Pont (3) s'inspirant rigoureusement de la définition contenue en l'article 1 de la loi de ventôse et considérant purement et simplement le notaire comme un fonctionnaire d'un ordre particulier, investi d'une mission spéciale, s'opposent résolument à l'application à la matière des théories du mandat ou du louage d'ouvrage. Selon ces

(1) Tome XX, n°s 507, 508.
(2) *Précis de Droit civil*, Tome II, n° 1193.
(3) *Revue du Notariat*, n°s 131, 181 et suiv.

derniers, les principes généraux de responsabilité, si extensibles et si vagues, ne sauraient convenir à des fonctions si nettement spécialisées, il faut une responsabilité propre, professionnelle ; elle a sa base et sa formule dans l'article 68 de la loi de ventôse.

Cette dernière opinion nous semble plus satisfaisante que les précédentes. En effet, il paraît impossible de découvrir dans l'exercice habituel et normal de la profession de notaire les éléments constitutifs du contrat de mandat ou de louage de services. Pour qu'il en soit autrement, pour qu'on se trouve en présence d'un mandat il faudrait que le notaire dans tous les actes de sa fonction fût considéré comme le représentant de ses clients, car il est admis que le trait essentiel et caractéristique du mandat, c'est la représentation du mandant par le mandataire. Or peut-on dire que le notaire représente les clients? Nullement. Dans la très grande majorité des cas l'acte est rédigé en présence du client, celui-ci assiste le notaire dans la confection, lui donne les explications nécessaires ; en tous cas, le notaire se borne à constater la volonté des parties dans la forme authentique. De même il semble difficile d'assimiler le notaire à un *locator operarum*. Outre qu'une telle qualification paraît peu compatible avec la dignité de semblables professions, n'y a-t-il pas entre ces deux situations juridiques de sensibles différences? Peut-on considérer le notaire qui accomplit un acte de son ministère, d'un ministère qui peut être forcé, en vertu du droit de réquisition reconnu par l'article 3 de la loi de

ventôse, comme louant ses services au sens légal du mot ?
Non, les notaires, en constatant les conventions des particuliers dans la forme authentique, pas plus que les gref-
fiers des tribunaux en délivrant les grosses des jugements,
pas plus que les huissiers en rédigeant les assignations,
ne sont des *locatores operarum*. Ce sont des fonctionnaires spéciaux, institués pour remplir une mission spéciale dont le caractère intime est exclusif de toute idée de
mandat et de louage de services.

27. Nous l'avons dit précédemment, il convient d'admettre pour ces fonctionnaires une responsabilité particulière, spéciale comme leur profession. Cette responsabilité
trouve son fondement légal dans l'article 68 de la loi de
ventôse (1). Cet article reconnaît formellement le droit
des particuliers aux dommages-intérêts « s'il y a lieu »
en cas de préjudice causé par le notaire. L'interprétation
de ces mots au sens équivoque a suscité de vives contre-
verses. D'après certains auteurs (2) ils se référeraient au
droit commun des contrats, à la nécessité de la faute et
du préjudice. Mais est-il plausible que le législateur ait
voulu leur attribuer une telle signification. S'il en était
ainsi, ce membre de phrase n'aurait aucune utilité, c'est

(1) Tout acte fait en contravention aux dispositions contenues aux
articles 6, 8, 9, 10, 14, 20, 52, 64, 65, 66 et 67 est nul, s'il n'est pas
revêtu de la signature de toutes les parties ; et lorsque l'acte sera
revêtu de la signature de toutes les parties contractantes, il ne vaudra
que comme écrit sous signature privée : sauf, dans les deux cas, s'il
y a lieu, les dommages-intérêts contre le notaire contrevenant.

(2) Notamment Laurent. op. et loc. cit.

une superfétation car — c'est un principe élémentaire de droit — les dommages-intérêts ne peuvent être accordés qu'en cas de préjudice, et à titre de réparation du préjudice. Il faut donc interpréter ces expressions dans un sens différent. Or, vraisemblablement, le législateur a voulu, par ces mots, reconnaître légalement le pouvoir discrétionnaire des juges en cette importante matière (1). Il a voulu que, alors même que les agissements du notaire rentreraient dans l'un des cas de responsabilité prévus par l'article 68 de la loi de ventôse, les tribunaux ne fussent pas nécessairement obligés de condamner impitoyablement, eussent à cet égard une certaine latitude d'appréciation. De la sorte, ils pourraient, après l'examen des circonstances et des faits de la cause, atténuer la responsabilité du notaire ou même la dégager complètement.

28. L'article 68 de la loi de ventôse paraît être aux yeux de certains auteurs (2) le seul texte de loi réglementant la responsabilité notariale. Les articles 1382 et 1383 du Code civil, dont les applications sont si générales et si étendues, n'auraient aucun rapport à la matière : *specialia generalibus derogant*. Nous ne saurions nous

(1) Rutgeerts et Amiaud, *Commentaire sur la loi du 25 ventôse, an XI*, tome III, nᵒ 1312. — *Encyclopédie du Notariat*, Responsabilité notariale, nᵒ 13. — *Dictionnaire du Notariat*, Responsabilité des Notaires, nᵒ 82. — Pagés, *Responsabilité des Notaires*, page 11. Cassation, 14 mai 1822 (*J. des Notaires*, art. 4311), 27 novembre 1837 (*J. des Notaires*, art. 9852).

(2) Paul Pont, op. cit. — Vergé, *Responsabilité des Notaires*, nᵒˢ 3 et suiv.

ranger à cette opinion pas plus que nous n'admettrions celle qui consiste à prétendre que les articles 1382 et 1383, ayant été votés après la loi de ventôse, ont abrogé implicitement cette dernière, en sorte que la responsabilité notariale devrait être uniquement réglée par ces deux articles et cela en vertu du principe : *posteriora prioribus derogant*. La vérité, pensons-nous, se tient à égale distance de ces deux solutions extrêmes. Nous adopterons comme base et principe de responsabilité les dispositions de l'article 68 de la loi de ventôse combinées avec celles des articles 1382 et 1383 du Code civil.

L'article 68 est manifestement insuffisant, ses termes ne sont pas assez compréhensifs pour viser tous les cas de responsabilité notariale. Il est muet sur la violation de certaines prescriptions impérieuses de la loi de ventôse (1) alors que de telles fautes sont susceptibles d'engager la responsabilité du notaire, de le contraindre à une réparation pécuniaire.

Il y a donc des obligations professionnelles du notaire, autres que celles visées par l'article 68, qui peuvent être sanctionnées par des dommages-intérêts. Mais quel sera alors le texte de loi invocable, celui sur lequel les tribunaux pourront édifier leurs décisions ? Ce sera évidemment les articles 1382 et 1383 dont la généralité de disposition permet de comprendre la responsabilité notariale dans leur sphère d'application. Cette opinion est acceptée par un

---

(1) Par exemple : art. 3 et art. 11.

grand nombre d'auteurs et par la jurisprudence. « Si les articles 1382 et 1383 peuvent suppléer au silence des prescriptions notariales, c'est à la condition qu'ils devront se fondre avec les prescriptions de la loi de ventôse pour ne former qu'une responsabilité spéciale à la matière. Or la responsabilité édictée par l'article 68 est une responsabilité *s'il y a lieu*, c'est-à-dire restreinte et subordonnée à l'appréciation du juge. Donc alors même que la responsabilité dériverait non d'une infraction à l'article 68 mais des articles 1382 et 1383, elle devra garder ce caractère (1). »

Demolombe enseigne : « La responsabilité notariale est soumise en même temps à la loi générale des articles 1382 et 1383 et à la loi spéciale du 25 ventôse an XI dont l'article 68 confère particulièrement aux juges un pouvoir discrétionnaire d'appréciation (2). »

MM. Rutgeerts et Amiaud, les savants commentateurs de la loi de ventôse, affirment dans le même sens : « Il est incontestable que l'article 68 n'est pas limitatif et ne prévoit pas tous les cas où la responsabilité civile des notaires peut être prononcée. Il faut donc en conclure que la responsabilité notariale est soumise en même temps à la loi générale écrite dans les articles 1382 et 1383 du Code civil et aux dispositions spéciales de la loi du 25 ventôse an XI et autres textes particuliers, avec cette restriction

____

(1) Didio, *Encyclopédie du Notariat*, Responsabilité notariale, n° 13.

(2) Tome XXXI, n° 529.

particulière et très remarquable qui ressort de l'article 68
de la loi de ventôse, qu'il ne suffit jamais pour que la responsabilité soit prononcée, qu'un fait dommageable ait été
commis par un notaire et provienne de son imprudence,
de sa négligence ou de son impéritie ; mais qu'en tous
cas, les juges ont un pouvoir discrétionnaire et souverain
qui leur permet d'atténuer ou même de refuser les dommages-intérêts, s'il y a lieu, suivant les circonstances de
chaque espèce (1). »

29. Il ressort des développements précédents que le
juge du fait a un pouvoir souverain d'appréciation de la
responsabilité des notaires. Il s'inspire des circonstances de
la cause, de la gravité de la faute, de l'étendue du préjudice, pour la fixation du quantum des dommages-intérêts (2). Mais il ne doit pas perdre de vue qu'en cette matière si délicate et si complexe il est avant tout un juge
d'équité, et que si l'impéritie ou la négligence grave ne
sauraient être excusées, il doit du moins se préoccuper
principalement de la question de bonne foi en un domaine
où elle tient une si large place. S'il en était autrement, si
les juges se laissaient entraîner à une sévérité excessive,
à une rigueur quasi-systématique, comme il est arrivé

(1) *Commentaire sur la loi de ventôse*, Tome III, nᵒ 1313. — A
ajouter dans le même sens : Aubry et Rau, tome IV, § 446. — Defrénois, *Traité pratique et formulaire du Notariat*. — Jurisprudence,
Cassation, 19 mai 1885, D. 85, 1. 345.

(2) Cassation, 19 mai 1885 (précité) ; 24 janvier 1887, D. 87, 1,
409 ; 26 avril 1887, *Revue du Notariat*, nᵒ 7671 ; 19 juillet 1892, D.
93, 1, 151.

malheureusement trop fréquemment, les fonctions de notaire deviendraient très périlleuses et très difficiles pour ne pas dire impossibles. Il ne faut pas, dans l'intérêt supérieur de la justice, qu'un léger oubli, une simple négligence du notaire puisse lui ravir inévitablement sa fortune et sa réputation.

§ II. — Responsabilité spéciale du notaire en second.

30. Cet exposé sommaire des principes généraux qui gouvernent la responsabilité notariale nous guidera dans la solution de la question qui fait l'objet de cette étude. A la lueur de ces principes, nous rechercherons si les obligations professionnelles du notaire en second peuvent être pour lui la source d'une responsabilité quelconque.

L'article 68 de la loi de ventôse dispose que tout acte fait en contravention aux dispositions contenues en l'article 9 est nul. Or, que prescrit l'article 9 ? Il prescrit que tout acte authentique doit être reçu par deux notaires ou un notaire en présence de deux témoins. Donc, lorsque le notaire rédacteur de l'acte n'aura pas observé cette prescription, se sera abstenu d'avoir recours au ministère d'un collègue ou de deux témoins, l'acte sera frappé de nullité : la responsabilité en retombera sur lui communément appelé notaire en premier. Mais quel était le sens précis, la portée exacte de l'article ? Comme nous l'avons vu (1), la controverse était très vive sur ce point en doctrine et en jurisprudence, et la loi de 1843 fut votée pour mettre un terme aux divergences qu'avait provoquées l'interprétation de ce texte.

Désormais, grâce à cette disposition additionnelle, le rôle du notaire en second est nettement précisé : la présence réelle à la réception de l'acte n'est pas obligatoire. Ainsi restreinte, l'intervention du notaire en second — laquelle consiste à donner une signature après coup — ne saurait être considérée comme une participation effective à la confection des actes. En vérité, le notaire n'agit pas, il n'a pas le droit de s'enquérir de la légalité de l'acte, car en le faisant, il irait à l'encontre de la volonté du législateur, il manquerait au devoir strict de discrétion professionnelle, il se borne donc à apposer une signature de confiance et à parapher les renvois.

Dès lors, étant donné le rôle purement négatif du notaire en second dans la réception des actes, peut-on légitimement admettre, en droit et en fait, sa responsabilité ? Une telle opinion serait insoutenable au double point de vue rationnel et légal.

Au point de vue de la raison d'abord, car elle serait contraire à la notion la plus élémentaire de responsabilité. Qu'est-ce, en effet, que la responsabilité ? C'est la conséquence naturelle de la liberté d'action, ou plutôt des actes que l'on accomplit en toute indépendance et liberté. Dans

(1) Chapitre I.

notre matière, c'est la conséquence d'un acte ou d'une abstention, fait positif ou négatif, qui constitue une faute. Or, le notaire en second n'accomplissant aucun acte, son intervention étant toute passive, il ne saurait engager sa responsabilité. Ce faisant, du reste, il ne viole aucune prescription du législateur, et nous abordons ici le point de vue légal. Il nous suffit, en effet, pour établir que cette opinion serait contraire à la loi, de passer en revue les différents textes qui réglementent les obligations ou le devoir professionnel du notaire second. Or, aucun de ces textes n'impose, comme nous l'avons vu et quoiqu'on ait prétendu le contraire, l'obligation du contrôle et de la vérification. Ce n'est pas l'article 9 de la loi de ventôse, ce n'est pas l'article 1 de la loi de 1843, ce n'est pas non plus le rapport de M. Dupin à la Chambre des députés, rapport qui constituera toujours le commentaire le plus sûr et le plus fidèle de la loi. Mais si le rôle du notaire second n'implique aucune obligation active, aucun fait positif, où serait donc pour lui la source d'une responsabilité ? Et comment pourrait-on invoquer l'article 1382 du Code civil dont l'application exige l'accomplissement d'une faute, puisque l'auteur de la loi de 1843, s'exprimant en des termes qui écartent l'équivoque, n'envisage pas le défaut de contrôle comme une infraction légale ?

31. Cette absence de responsabilité au cas d'illégalité dans les dispositions et énonciations de l'acte existe, selon nous, au cas d'irrégularité dans la forme et contexture extérieure. Notre opinion se fonde sur des raisons presque identiques à celles qui nous ont déterminé dans la question précédente. Quoique ce système rencontre une certaine opposition dans la doctrine et la jurisprudence, nous l'admettons parce qu'il nous parait le plus conforme à l'esprit de la loi et à l'usage dont la loi de 1843 a reconnu et consacré l'autorité.

Il résulte, en effet, des travaux préparatoires de la loi que le législateur n'a pas voulu imposer au notaire second la mission de contrôler la régularité extérieure de l'acte. Il a préféré lui laisser sur ce point une entière liberté d'action : c'est au notaire à se décider et agir suivant les inspirations de sa conscience et le sentiment de ses devoirs de confraternité. Il suffit, pour se convaincre des intentions du législateur, de lire l'exposé des motifs du projet de loi présenté à la chambre des pairs par M. le Garde des sceaux dans la séance du 30 mars 1843. « On ne doit pas croire que la signature du notaire en second et des témoins soit une formalité inutile. *La faculté de contrôle leur appartient :* sans doute, dans la pratique ordinaire, les signatures sont données de confiance ; mais si un officier public n'a plus l'estime de ses confrères, si l'acte lui-même parait suspect, la signature est refusée (1). » Ce développement si précis, que le ministre de la Justice a cru devoir donner à la pensée qui l'animait, ne constitue pas le seul document législatif sur lequel nous puissions étayer notre affirmation.

(1) *Moniteur* du 1er avril 1843. — *Journal des Notaires*, no 11, 586.

Le rapporteur de la loi à la Chambre des députés s'exprima dans le même sens, corroborant, en quelque sorte, par anticipation les explications ministérielles. « Peut-être eût-il été plus net et plus logique d'entrer dans un système complet de réforme, de supprimer une formalité *à peu près illusoire*, d'effacer des actes une *pure fiction* et des *protocoles menteurs*, d'accorder enfin au notaire rédacteur, sous sa responsabilité personnelle, la faculté d'authentiquer ses actes, comme on l'accorde à des officier publics moins considérables (1). »

Un tel langage révèle suffisamment les intentions du rapporteur. M. Dupin, comme le ministre de la Justice, ne prétendait nullement imposer au notaire second un contrôle matériel, une régularisation de l'acte soumis à cette signature, il voulait conserver à cette attribution le caractère facultatif et libre qu'un constant usage lui avait reconnu. Dès lors la non-responsabilité du notaire second s'impose comme un corollaire nécessaire et pour les mêmes raisons que celles qui nous ont fait conclure à sa non-responsabilité en matière de vérification de la légalité. Puisqu'on ne peut pas considérer comme une prescription légale le contrôle matériel de l'acte, et conséquemment comme une faute l'absence de contrôle, on ne peut pas évidemment trouver dans l'article 68 de la loi de ventôse et les articles 1382 et 1383 du Code civil la base et la justification d'une action en dommages-intérêts (2).

<hr>

(1) *Moniteur* du 8 mars 1843. — *Journal des Notaires*, art. 11,570.
(2) En ce sens : *Dictionnaire du Notariat*, Responsabilité des No-

32. Au reste, l'induction tirée des travaux préparatoires de la loi, se fortifie de cette considération que les lois de ventôse et de 1843 ont eu pour but de ratifier un usage constant et unanime, de le faire passer du domaine pratique dans le domaine légal. Or ce qu'était cet usage quasi-immémorial nous l'avons expliqué précédemment. Qu'il nous suffise de rappeler que les documents législatifs, corporatifs ou privés ne font pas défaut sur ce point. Ils établissent tous que la non-responsabilité était en principe généralement acceptée (1).

33. Cependant l'opinion que nous soutenons n'a pas rallié l'unanimité des suffrages de la doctrine et un certain nombre d'auteurs persistent à enseigner la responsabilité du notaire second (2). Ces auteurs appuient leur

taires, nᵒ 405. — Note de M. Wahl sous un arrêt d'Orléans de 1895, S. 1895, 2. 1.

(1) Les statuts des notaires de Paris homologués le 13 mai 1681 obligeaient ces officiers à signer l'un pour l'autre les contrats non contraires aux bonnes mœurs dont ils seraient requis, sans pouvoir le refuser, à peine d'amende. (Voir supra, page 17).

— Le notaire en second ne signait qu'à la relation de son confrère. On en tirait la conséquence qu'il n'était tenu de rien, que le notaire en premier était seul garant.

Blondelu, *Traité des connaissances nécessaires à un notaire*, Tome I, page 351.

— La déclaration du roi du 4 septembre 1706 ordonnait que les notaires syndics ne pourraient être repris pour les actes qu'ils auraient signés en second, mais seulement pour ceux qu'ils auraient passés comme notaire (en premier). — (Voir supra, page 17. — Note 3).

(2) Rolland de Villargues, *Responsabilité des Notaires*, nᵒ 180. — Eloy, *Responsabilité des Notaires*, nᵒ 309. — Didier, *Encyclopédie du Notariat*, Responsabilité notariale, nᵒ 363. — Defrénois, *Réper-*

solution sur certains passages du rapport de la loi de 1843 devant la Chambre des pairs (1). Mais ces passages ne sont nullement probants, et c'est leur attribuer, pensons-nous, une portée qui dépassait les prévisions du législateur, comme nous l'avons établi dans les numéros précédents, que d'y découvrir l'énonciation d'une règle impérative, d'une mission obligatoire pour le notaire second. Une interprétation trop littérale peut ainsi conduire à une inexactitude.

34. Un auteur, M. Vergé, est allé plus loin encore (2). Il a émis cette prétention grave que le notaire second devait être déclaré responsable si l'acte contenait une disposition contraire à l'ordre public ou aux bonnes mœurs. Mais la phrase du rapporteur de la loi à la Chambre des Pairs qui sert de point d'appui à cette allégation (3) est en contradiction manifeste avec les déclarations rapportées plus haut de M. Dupin (4). En outre, elle est visiblement contraire à l'esprit de la loi de 1843, elle est inconciliable avec une considération grave qui a motivé cette loi. On ne doit pas oublier, en effet, que le législateur, en n'exigeant pas la présence réelle du notaire second, a

toire pratique du Notariat, 1895, art. 8323. — Labbé, Note sous arrêt Cassation, 1879 (S. 1879, 1, 241).

(1) Rapport de M. Franck-Carré, *Moniteur* du 3 juin 1843. — *Journal des Notaires*, art. 11,646.

(2) *Traité de la responsabilité des Notaires*, n° 118.

(3) « C'est plus qu'un droit, c'est un devoir pour le notaire second de signaler à son confrère une stipulation contraire aux lois ou aux bonnes mœurs. »

(4) Voir *supra*, page 29.

voulu garantir le secret des conventions des parties ; or, ce serait méconnaître formellement ses intentions que de contraindre le notaire, sous peine de responsabilité, à prendre communication de l'acte afin de signaler à son collègue les clauses contraires à l'ordre public ou aux bonnes mœurs (1).

(1) C'est principalement sur le rapport de M. Franck-Carré à la Chambre des Pairs que les partisans de la responsabilité du notaire second se sont appuyés pour édifier leur théorie. Ils considèrent les déclarations du rapporteur comme formulant implicitement cette responsabilité. Or, à ce propos, il ne semble pas inutile de relater un incident de la discussion de la loi. M. le président Boyer avait demandé si la signature du second notaire ou des témoins instrumentaires devait entraîner pour eux une responsabilité quelconque. Dans ce cas, il aurait voulu que la loi contînt une disposition précise à cet égard.

À cette question posée avec beaucoup de netteté, M. Franck-Carré ne paraît pas avoir répondu d'une façon ferme et catégorique. Il déclara que la Chambre n'était point appelée à faire une loi sur la responsabilité des notaires, mais sur la forme des actes notariés, que les tribunaux seuls devaient apprécier s'il convenait d'admettre ou de repousser la responsabilité du notaire second. « Ce n'est pas, ajoutait-il, une question de principe, mais une question de fait qui demeure livrée à l'arbitrage des tribunaux. »

Cette réponse, qui peut se justifier au point de vue législatif, ne trahit-elle pas une certaine hésitation de la part du rapporteur, tout au moins la volonté de ne pas exprimer une opinion formelle sur un point particulièrement délicat ? Car s'il est vrai que la responsabilité est principalement une question de fait, il n'est pas moins vrai qu'elle ne peut découler que d'une obligation certaine et que celle-ci n'existe qu'en vertu de la volonté formelle du législateur. Le rapporteur de la loi ne devait pas l'ignorer. Il a préféré ne pas s'expliquer nettement à cet égard. Dès lors, il semble difficile d'interpréter ses déclarations, ses réticences, comme la reconnaissance ferme de la responsabilité du notaire second.

35. La jurisprudence paraît plutôt favorable à la théorie que nous combattons : la plupart de ses décisions relatives à la matière expriment la responsabilité restreinte du notaire second. Quelles sont les raisons de cette jurisprudence? Ce sont celles que nous avons énumérées dans l'exposé que nous faisions de la théorie adverse. Une interprétation trop littérale d'un texte législatif et surtout le besoin d'expliquer rationnellement le maintien d'une formalité dont la justification relève de considérations historiques. Au reste, depuis la loi de 1843, les décisions judiciaires ne sont pas nombreuses : la question de la responsabilité du notaire second s'est posée assez rarement devant les tribunaux.

Cette tendance de la jurisprudence se manifeste dans des jugements rendus par le tribunal civil de Pontivy le 27 février 1850 (1). Il est vrai que ces jugements concluent à la non-responsabilité du notaire et qu'au premier abord ils paraissent confirmer notre thèse, mais il importe de lire attentivement les considérants qui fournissent des indications précieuses sur l'interprétation judiciaire des lois de ventôse et de 1843. « Considérant qu'il n'est pas allégué que le contexte de l'acte signé par Bargain (notaire en second) *eût pu lui en révéler les rues, ni que la conduite de Turpin* (notaire en premier) *ait dû faire naître dans l'esprit de son confrère une suspicion quelconque, et surtout une suspicion assez sérieuse* pour qu'il fût autorisé à

(1) *Journal des Notaires*, art. 14,018.

porter une atteinte grave à la réputation de Turpin par un refus de signature. » Et dans le second jugement : « Attendu que, en apposant conformément à un pareil usage et dans de pareilles circonstances sa signature, comme notaire en second, à un *acte d'ailleurs régulier dans la forme*, Bargain n'a commis aucune faute, négligence ou imprudence qui puissent, aux termes des articles 1382 et 1383 du Code civil, le soumettre à réparer le dommage éprouvé par des tiers qui ont eu foi en l'acte authentique dont il s'agit. »

Que résulte-t-il de ces considérants ? Quelle est leur signification intime ? Nous en dégagerons, par argument *a contrario*, cet enseignement que si le contexte de l'acte avait pu révéler au notaire second les fautes, les irrégularités commises, celui-ci eût été déclaré responsable du préjudice causé aux parties par l'annulation, c'est donc qu'il y a obligation pour lui et non plus seulement faculté de contrôler la contexture extérieure de l'acte, c'est donc encore que le tribunal en question partage l'opinion de nos adversaires en reconnaissant un caractère obligatoire à cette attribution du notaire second. On trouve la même solution consacrée par un arrêt de cassation de 1866 (1).

Un arrêt récent de la Cour d'Orléans du 26 janvier 1895 est venu confirmer encore cette interprétation (2). Il nous semble intéressant de citer l'un de ses attendus : attendu

(1) *Revue du Notariat*, nᵒ 399.
(2) Sirey. 1896. 2. 1. — Voir la note de M. Wahl sous cet arrêt.

que si le notaire en second peut signer après coup des actes à la confection desquels il n'a pas participé, son rôle ne doit pas cependant se réduire à une simple apposition matérielle de signature.....

36. Ainsi donc, on le voit, ces quelques décisions procèdent du même esprit d'interprétation stricte et sévère des travaux préparatoires de la loi de 1843. Dans un sens opposé nous trouvons un jugement du tribunal de Rambouillet du 13 juillet 1876 statuant sur un litige connexe à la matière (1). Il s'agissait, dans l'espèce, d'une demande en partage d'honoraires intentée par un notaire en second contre le notaire en premier. L'un des attendus de ce jugement, qui déboute le demandeur, présente un intérêt particulier, car appréciant le rôle du notaire second au point de vue historique les juges paraissent avoir voulu le circonscrire dans ses véritables limites, l'envisager sous son véritable jour : attendu que si, à l'origine même du notariat, dès avant Louis IX un second notaire doit toujours, à titre de surveillant, dit Toullier, assister à la réception des actes par le notaire instrumentant, cet usage respectable par son antiquité, mais que la constitution actuelle du notariat ne comportait plus, a néanmoins encore trouvé place dans la loi de ventôse ; que cependant, jugé déjà en juillet 1581 par l'édit d'Henri III déclarant inutile la présence du notaire en second, le concours de ce dernier *apparaît enfin à sa juste valeur*, dans le rapport fait

(1) Sirey, 1879. 1. 241.

le 8 mars 1843, à la Chambre des députés, par Philippe Dupin, au sujet de la loi promulguée le 21 juin suivant; qu'on y lit, en effet, peut-être eut-il été plus net et plus logique d'entrer dans le système complet de réforme, etc...; qu'ailleurs, laissant entrevoir l'institution notariale s'élevant et se perfectionnant, il ajoute: « Mieux choisis et plus éclairés les notaires présentaient une garantie personnelle *qui n'avait pas besoin d'une garantie d'emprunt*; » qu'ainsi tout en reconnaissant à l'intervention du second notaire quelques avantages tels que la vérification de l'observation des formes extérieures de l'acte, le *rapporteur semble regretter dans la loi de ventôse, cette réminiscence inutile du passé*; qu'à ses yeux des mœurs nouvelles, fruit d'un état social plus complet, tendant chaque jour à faire de plus en plus disparaître de nos lois la preuve testimoniale et tout ce qui la rappelle et accroître d'autant le domaine désormais ouvert à la preuve littérale; *que tel est l'esprit dans lequel a été conçue cette loi du 21 juin 1843, interprétative de l'article 9 de la loi de ventôse, etc...* »

Ce considérant mérite d'être retenu et de servir de guide aux décisions futures de la jurisprudence sur la responsabilité du notaire second. Il a l'avantage de refléter fidèlement les intentions du législateur de 1843, d'être en conformité avec les antécédents historiques de cette loi, de formuler le véritable caractère et l'exacte portée de la règle dont nous nous occupons.

Mentionnons encore un arrêt de la Cour de Grenoble du

28 juillet 1865, aux termes duquel le notaire en second
n'est responsable que des irrégularités auxquelles il a participé (1). Cette dernière décision vient à l'appui de notre
opinion.

37. De ce que nous avons admis, en principe, la non-
responsabilité du notaire second, devons-nous conclure que
cette solution s'impose dans tous les cas avec une rigueur
absolue? Évidemment non, cette déduction serait contraire
à la raison et à la loi. Nous avons voulu mettre en lumière
le rôle du notaire second afin de démontrer que, dans
l'exercice ordinaire et régulier de ces fonctions, il est impossible de découvrir les éléments d'une responsabilité,
mais nous reconnaissons que dans certains cas celle-ci
peut exister : elle puisera alors sa source dans certains
faits accidentels, dans certaines circonstances étrangères à
l'objet propre de ces fonctions, dans une idée de contrat
imposant au notaire des obligations auxquelles il ne pourrait impunément se soustraire. Il importe donc de le bien
noter, le fait générateur de la responsabilité, dans ce cas,
est étranger de sa nature à l'exercice des fonctions, tel qu'il
est déterminé et réglementé par les lois de ventôse et de
1843, en d'autres termes, c'est un élément accessoire qui
vient s'adjoindre aux éléments propres et constitutifs de la
fonction du notaire. Dès lors, ce ne sera plus l'article 68
de la loi de ventôse, complété par les articles 1382 et 1383
du Code civil, qui servira de base légale à la décision des

(1) Dalloz. 65. 2. 205.

juges, ce sera un article directement relatif à l'obligation qu'a volontairement acceptée le notaire et dont il assume librement les conséquences. C'est en vertu de cette considération que le notaire en second, qui coopère à la rédaction de l'acte sur l'invitation de l'une des parties et qui reçoit sa part d'honoraires, est responsable à raison de cet acte. On se trouve ici en présence d'un rapport de droit spécial, car le notaire en second, investi de la mission de surveiller les opérations du notaire en premier, de s'assurer de leur légalité, fait plus qu'exercer l'une de ses attributions, il est le conseil et le représentant des parties. De même le notaire en second qui accepte de la partie un mandat pour les formalités subséquentes à l'acte se trouve soumis à une responsabilité de droit commun pour l'exécution de ce mandat (1).

La même solution est applicable dans le cas où l'acte a été rédigé en double minute pour être conservé chez les deux notaires (2). De même aussi, lorsque les deux notaires se sont ingérés dans la négociation de manière à jouer un rôle assez efficace dans la conclusion de l'acte (même arrêt).

M. Didio (3) et M. Eloy (4) admettent la responsabilité du notaire second lorsqu'il est établi que ce notaire a eu

---

(1) Cass. Requêtes. 1er mars 1886 : Dalloz, 86, 1, 157. — *Revue du Notariat*, n° 7319.

(2) Cass. Requêtes. 17 octobre 1893 : Dalloz, 94, 1, 159.

(3) *Encyclopédie du Notariat*, Responsabilité notariale, n° 359.

(4) *Responsabilité des Notaires*, n° 308.

personnellement connaissance, avant de signer l'acte, d'une irrégularité qui s'y trouvait. Il nous semble difficile de nous rallier à cette opinion. La mission de contrôle du notaire second revêtant un caractère facultatif, on ne peut considérer comme la violation d'une obligation légale le défaut de signalement d'une irrégularité : c'est le cas d'appliquer l'adage : qui peut le plus, peut le moins. Tout au plus pourrait-on voir dans l'attitude du notaire second un manquement aux règlements professionnels, une méconnaissance des devoirs de bonne confraternité susceptible d'entraîner une peine disciplinaire.

38. Nous venons de montrer une première exception à la règle de la non-responsabilité, nous abordons maintenant l'étude d'une autre dérogation d'un intérêt plus important et d'une application plus étendue. Nous savons que la loi du 21 juin 1843 a établi une distinction entre les actes notariés au point de vue des formalités indispensables à leur perfection et qu'elle a déterminé avec précision le rôle du notaire en second selon qu'il s'agit d'un acte rentrant dans l'application de l'article 1er ou de l'article 2. Il est superflu de nous étendre davantage sur ce point qui a fait l'objet d'un développement suffisant au chapitre II, nous nous contenterons seulement de rappeler que le législateur a entouré les actes, visés par l'article 2 de la loi, d'une protection particulière en exigeant pour leur validité la présence réelle du notaire second au moment de la lecture et de la signature. Or cette exigence ne peut se justifier qu'en attribuant au notaire un rôle de surveillance et de vérification. Dès lors, si des illégalités ou des irrégularités se commettent, la partie lésée sera fondée à exercer une action en dommages-intérêts contre le notaire second. Cette solution ne paraît pas contestable. A une situation exceptionnelle doit correspondre un rôle exceptionnel, et la cause qui s'opposait à l'admission de la responsabilité (le défaut de présence) n'existant pas, les effets ne sauraient évidemment se produire.

Au reste, cette opinion tire son autorité des travaux préparatoires de la loi, des passages très probants des rapports législatifs (1). Elle a été soutenue par un grand nombre d'auteurs (2) et trouve une sanction unanime dans les décisions de la jurisprudence. En conséquence, le notaire second serait responsable si l'acte contenait une énonciation contraire à l'ordre public ou aux bonnes mœurs, de même s'il laissait subsister un vice de forme qui entraînât la nullité de l'acte. Il est donc tenu de vérifier non seulement la contexture extérieure de l'acte, mais encore la légalité des différentes clauses et dispositions.

---

(1) Rapport de M. Dupin : « Toutefois il est une classe d'actes que les auteurs de la loi ont cru devoir *soumettre à des formes plus rigoureuses* et pour lesquels on vous propose d'exiger le concours effectif, la présence réelle du notaire second et des témoins... »

Rapport de M. Franck-Carré : « L'innovation de l'art. 2 a précisément pour but d'assurer à certains engagements, à raison de leur nature spéciale, *des garanties plus grandes...* »

(2) Notamment : Didio, op. cit., n° 363. — *Dictionnaire du Notariat*, loc. cit., n° 410.

En ce qui concerne les testaments, qui échappent à la réglementation de la loi de 1843 et qui sont régis par le Code civil, la surveillance du notaire second doit s'exercer d'une façon encore plus constante et minutieuse. Il a été jugé par un arrêt de la Cour de Bordeaux du 8 mai 1860 que lorsqu'un testament est reçu par deux notaires, la responsabilité pour vice de forme les atteint l'un et l'autre (1).

39. Mais une question se pose. Dans les différents cas où selon les principes que nous avons exposés, la responsabilité du notaire second devra être admise et sera reconnue par les tribunaux, la condamnation aux dommages-intérêts pourra-t-elle établir la solidarité entre les deux notaires ? Il serait utile pour répondre à cette question avec toute l'ampleur que comporte le sujet d'exposer et d'analyser les différents arguments qui ont été présentés en faveur et à l'encontre de l'applicabilité des règles de la solidarité au quasi-délit, mais une telle étude nous conduirait à de trop longs développements et nous ferait franchir les limites de notre sujet. Nous nous bornerons à résumer brièvement sur ce point l'état de la doctrine et de la jurisprudence.

Peu d'auteurs nient la solidarité en matière de délit civil et de quasi-délit. Parmi les adversaires on trouve Toullier, Laurent (2). Ces auteurs, interprétant strictement l'article 1202 du Code civil, ne peuvent admettre la

____

(1) *Journal des Notaires,* art. 16,870.
(2) *Principes de Droit civil,* Tome XVII, n⁰ˢ 318 et suiv.

solidarité que sur le fondement d'une stipulation expresse ou d'une disposition légale. Les partisans sont plus nombreux, on peut citer : Rolland de Villargues (1) Aubry et Rau (2), Colmet de Santerre (3), Demolombe (4). Mais ces auteurs — Rolland de Villargues excepté — admettent une solidarité tempérée, si l'on peut s'exprimer ainsi, et en réalité ils voient plutôt dans l'obligation des auteurs d'un quasi-délit une obligation *in solidum*, parce que l'on manque de base pour diviser la condamnation.

Quant à la jurisprudence, elle paraît être solidement fixée dans le sens de la solidarité, alors qu'il est impossible de déterminer la part de responsabilité incombant à chacun dans le fait dommageable (5). Si l'on fait une application des principes consacrés par la jurisprudence à la question qui nous occupe, il faut admettre que la condamnation pourra être prononcée solidairement contre les deux notaires (6). C'est ainsi du reste qu'a décidé récemment la Cour de cassation (7). Il est bien évident que

(1) *Répertoire ;* Responsabilité, n⁰ˢ 42 et 49.

(2) Tome IV, § 298 ᵗᵉʳ, notes 13 et suiv.

(3) Tome V, page 218, n⁰ˢ 135 ᵇⁱˢ.

(4) *Traité des contrats*, Tome III, n⁰ˢ 279 et suiv.

(5) Cassation, 14 mars 1882. D. 83, 1, 403. S. 84, 228. — 28 janvier et 8 juillet 1885. S. 85, 1, 480 et 494. — 18 novembre 1885. D. 86, 1, 397. S. 89, 1, 55. — 25 octobre 1887. D. 88, 1, 72. S. 87, 1 411. — 11 juillet 1892. S. 92, 1, 505 et 508. — 15 juillet 1895. D. 96, 1, 34. — Caen, 5 mars 1894. D. 95, 2, 329.

(6) Dans ce sens : Eloy. op. et loc. cit. — Contra : Rutgeerts et Amiaud, op. cit., Tome III, n⁰ 1394.

(7) Cassation, *Requêtes*, 17 octobre 1893. D. 94, 1, 159.

la solution serait toute différente si les causes de responsabilité pesaient exclusivement sur l'un des deux notaires (par exemple par suite d'un mandat ou d'une élection de domicile en l'étude de l'un des deux) car dans ce cas la nécessité d'une condamnation solidaire disparaîtrait puisqu'il serait facile de déterminer et d'isoler la part de responsabilité incombant à chacun : celui-là seul serait tenu du paiement des dommages-intérêts qui serait reconnu l'auteur du fait dommageable.

Quant à nous, nous ne croyons pas devoir suivre entièrement la jurisprudence dans la voie où elle s'est engagée et admettre sans restriction les conséquences de la solidarité en notre matière. Nous accordons nos préférences à l'opinion soutenue par MM. Colmet de Santerre, Demolombe et Baudry-Lacantinerie (1) et voyons dans l'obligation assumée par les deux notaires une obligation *in solidum* produisant le droit de poursuivre pour le tout chaque débiteur et l'effet libératoire pour tous du paiement fait par un seul, mais non l'effet à l'égard de tous d'un acte interruptif de prescription (art. 1206) ou faisant courir les intérêts (art. 1207).

(1) *Précis de Droit civil*, Tome II, n° 219.

SECTION III

DÉLAI D'APPOSITION DE LA SIGNATURE DU NOTAIRE EN SECOND.

40. Les longs développements que nous imposait l'étude minutieuse et complète des fonctions et de la responsabilité du notaire second nous ont éclairé sur l'importance et le mérite de la formalité exigée par l'article 9 de la loi de ventôse. Elle nous est apparue comme une règle surannée qui s'est maintenue par la force de la tradition, par respect pour les anciennes formes. Cependant, quoique son utilité soit très-restreinte, elle constitue une prescription impérieuse, consacrée par la loi positive, dont la violation entraînerait la nullité des actes authentiques. L'article 9 est formel et l'article 68 ne l'est pas moins sur la sanction de la règle que cet article formule. Il est donc de toute nécessité d'observer les dispositions de l'article 1 de la loi de 1843 — interprétatif et explicatif de l'article 9 de la loi de ventôse — aux termes duquel, nous le savons, il suffit, pour la validité de l'acte, que la signature du notaire second soit apposée postérieurement à la réception. Mais alors naît une difficulté qui résulte de l'anomalie de la loi. Jusqu'à quel moment la signature du notaire second pourra-t-elle être valablement donnée ? Y a-t-il dans les dispositions légales un délai fatal qu'on ne pourrait dépasser à peine de nullité ?

On ne trouve aucun texte de loi imposant au notaire rédacteur l'obligation d'obtenir dans un délai déterminé la signature de son collègue. La loi de 1843 est muette sur ce point et si l'on consulte les travaux préparatoires on acquiert la conviction que le législateur voulait laisser toute latitude au notaire rédacteur (1). Une limitation de délai lui paraissait sans doute quelque peu arbitraire. Mais de ce que le législateur n'a pas cru devoir déterminer un délai à dater de la passation de l'acte pour l'apposition du contreseing du notaire second, s'ensuit-il qu'en fait il n'y ait aucune limitation et que la validité de l'acte ne puisse jamais souffrir de l'apposition tardive de la signature ? Nous le pensons et nous croyons être en cela les fidèles interprètes de la volonté du législateur. Nous reconnaissons cependant qu'il est préférable à tous les points de vue d'obtenir cette signature peu de temps après la confection de l'acte ; car les garanties que procure la formalité

____

(1) Un député avait proposé un amendement disposant que la signature serait donnée « *ensuite* ». Mais cet amendement fut retiré sur l'observation faite par le président de la commission et le garde des sceaux que cette rédaction était inutile. « Si, déclarait l'auteur de l'amendement, ma proposition n'est pas adoptée, je demanderai à la commission s'il est bien entendu que le notaire ne contreviendra pas aux dispositions de la loi, en ne faisant signer les actes dont il s'agit que plusieurs jours après la confection. » — « Cela ne fait pas de doute, répondit le garde des sceaux. » — Le président de la commission ajoutait : « Il ne saurait y avoir de doute. »

ont plus d'efficacité, mais nous ne pouvons, en l'absence d'un texte, admettre une limitation quelconque. Nous ne pouvons donc pas considérer l'enregistrement de l'acte comme constituant un obstacle insurmontable, comme s'opposant définitivement à l'apposition de la signature. Toutefois ce dernier point a fait l'objet de longues controverses qu'est encore venu aviver un arrêt récent de la Cour d'Orléans de 1895, consacrant l'affirmative (1). La majorité des auteurs, dont certains jouissent d'une autorité indiscutable en matière notariale, semblent partager cet avis (2), mais quelques esprits (3) non moins éclairés et non moins compétents, ont énergiquement soutenu l'opinion contraire, à laquelle nous croyons devoir nous rallier pour les raisons suivantes :

(1) S. 1896. 2, 1 .... « Attendu qu'à tous les points de vue ci-dessus énumérés le rôle du notaire second serait complètement inefficace s'il n'intervenait qu'après l'enregistrement de l'acte, qu'en effet, l'enregistrement ayant pour effet de constater l'accomplissement des formes légales, un acte ne peut subir aucune modification, après qu'il a été enregistré, qu'il est difficile d'admettre que le notaire en second soit appelé à constater des irrégularités précisément à un moment où il serait dans l'impossibilité d'en provoquer la réparation, ce qui le réduirait à la nécessité de signer sans lire, c'est-à-dire à remplir un rôle absolument inutile. » — Ajoutons dès maintenant que l'autorité de cet arrêt est complètement annihilée par un arrêt de Cassation du 31 mai 1897, rendu sur pourvoi interjeté contre la décision des juges d'Orléans et consacrant la solution contraire.

(2) Rolland de Villargues, *Répertoire*, signature n° 50. — *Encyclopédie du Notariat*, acte notarié n° 93. — Defrénois, *Répertoire général pratique du Notariat*, 1895, page 228.

(3) Wahl, voir note sous arrêt Orléans précité, S. 1896, 2, 1. — Amiaud, *Journal du Notariat*, 1895, page 156.

41. Qu'est-ce en effet que l'enregistrement ? C'est une formalité qui consiste dans la transcription sur des registres spéciaux du contenu des actes et dans la perception d'une contribution au profit du Trésor. Elle est d'ordre purement fiscal. Elle n'a pas pour effet de constater la validité des actes en tant qu'actes authentiques ni d'assurer leur existence ou de fixer leur date, comme sous l'empire de la loi des 5-19 décembre 1790 (art. 2). Le receveur de l'enregistrement est chargé de percevoir le droit afférent à l'opération juridique constatée par l'acte, de vérifier l'accomplissement de certaines conditions de formes et de recouvrer les amendes qui en sont la sanction. Mais on ne peut considérer la signature du notaire second comme l'une des formes dont l'existence est soumise à la vérification du receveur, car son inaccomplissement ne donne pas droit à la perception d'une amende. Dès lors, pourquoi cette signature ne pourrait-elle pas être donnée postérieurement à l'enregistrement? Il est bien vrai qu'aucune modification ne saurait être apportée à la teneur d'un acte enregistré, que par conséquent une signature tardive ne serait d'aucune utilité, ainsi que le déclare l'arrêt de la Cour d'Orléans, mais l'apposition du contreseing du notaire second ne modifie en rien la substance de l'acte, elle la laisse intacte et ne fait qu'assurer la perfection de celui-ci en tant qu'acte authentique, que si l'utilité d'une signature donnée dans de pareilles conditions est nulle, les conséquences au cas d'irrégularité, en retomberont sur le notaire rédacteur qui s'est privé volontairement des bons offices ou, du moins, des services opportuns de son collègue.

Tel est bien le sentiment de MM. Amiaud et Wahl déjà cités (1).

42. C'est aussi, du reste, l'avis de la Chancellerie, ainsi qu'il résulte d'une lettre écrite par le ministre de la justice au procureur général près la Cour d'Orléans, relativement à l'affaire sur laquelle a statué l'arrêt de 1895 (2). « Sans doute, on peut poser en principe, disait-il, que la signature du notaire en second devrait toujours être donnée avant l'enregistrement de l'acte, puisque ce n'est qu'après l'apposition de ce contreseing que l'acte a vraiment le caractère d'un acte notarié, et telle est bien la règle de conduite que les notaires ont à suivre dans la pratique, mais faut-il en conclure, comme le fait Mᵉ Clément-Grand-cour (notaire en second) que tout acte non contresigné avant la formalité de l'enregistrement contient une irré-

______

(1) Note de M. Wahl : ..... Le receveur de l'enregistrement n'a à constater que l'accomplissement des formalités prescrites au moment même de la rédaction, il faudrait donc, pour qu'après l'enregistrement la signature du second notaire ne pût plus être donnée, que cette signature dût être concomitante à l'acte : et les textes nous ont montré que cette prescription n'est pas dans la loi. Il faudrait en tous cas, que la loi défendît au second notaire de donner sa signature après l'enregistrement ; et ainsi dire que cette prohibition qui n'est pas dans la loi dérive de ce que les formalités extrinsèques de l'acte devaient être accomplies lors de l'enregistrement, c'est dire que la signature du second notaire est une de ces formalités ; c'est, en d'autres termes, se laisser séduire par une pétition de principe.

(2) Sirey, 1896, 2, 1.

gularité irréparable? Cette solution est certainement trop absolue. Elle devrait être admise, il est superflu de le faire remarquer, pour tous les actes soumis à la présence réelle: elle devrait l'être aussi, selon la remarque de Me Clément-Grandcour, pour les contrats de mariage suivis de célébration, parce que le contrat de mariage doit être complet et régulier au moment de cette célébration, dont la date est le terme au-delà duquel la signature du notaire en second ou des témoins ne saurait plus être donnée valablement. Mais pour tous les autres actes, on ne saurait affirmer qu'il existe une époque précise au-delà de laquelle les notaires en second ou les témoins ne peuvent plus donner utilement leur signature et après laquelle le défaut de signature doit être considéré comme un vice irréparable. »

Cette lettre est très explicite, elle conclut formellement à la solution que nous avons adoptée. Toutefois, quelle que soit l'autorité qui s'attache aux avis de la Chancellerie, elle ne parvint pas à entraîner la conviction des juges d'Orléans.

43. Mais la Cour de cassation en a jugé différemment. Dans son arrêt du 31 mai 1897 (1) dont nous avons parlé en note à la page 70, elle a condamné le système de la Cour d'Orléans et donné à la théorie que nous acceptons sa haute approbation. Les termes de l'arrêt sont formels: ils ne permettent point la moindre hésitation: « Attendu que cette signature du notaire en second peut

(1) *Journal du Notariat*, 1897, p. 420.

être valablement donnée même après la formalité de l'enregistrement. » La Cour ne pouvait s'exprimer plus nettement.

Précédemment un arrêt de la Cour d'appel de Paris du 29 novembre 1893 avait déjà consacré cette opinion (1).

Outre ces témoignages si formels, notre solution trouve encore un point d'appui très sérieux dans un autre arrêt de cassation du 3 janvier 1888 (2). Cet arrêt n'est pas aussi catégorique ni significatif, au point de vue de notre étude, que l'arrêt de 1897, mais il faut en voir la raison dans ce qu'il statue sur une espèce quelque peu différente. « Attendu, dit cet arrêt, qu'aux termes des articles combinés 9 de la loi de ventose an XI, 1 et 3 de la loi du 21 juin 1843, les actes notariés sauf ceux spécialement indiqués dans les art. 2 et 4 de cette dernière loi, peuvent être reçus par un notaire sans l'assistance d'un notaire en second ou de témoins instrumentaires; que cet officier public quoique seul, *a qualité pour constater définitivement le consentement des parties contractantes*, que si ces actes, ainsi reçus régulièrement doivent en outre être revêtus des signatures d'un second notaire ou de deux témoins, la formalité relative à ces signatures peut être

(1) Sirey, 1895, 2-7 et la note. « Considérant, dit l'arrêt, que, après que l'acte a été enregistré, il est revenu à l'étude, et a dû être classé au nombre des minutes ; *qu'à ce moment encore Me R... avait le devoir de vérifier la régularité tant de l'acte lui-même que de son enregistrement...* »

(2) Sirey, 1889, 1-5. — *Journal des Notaires*, art. 23,958.

accompli en dehors des parties qui y restent étrangères et que le brusque décès d'un des contractants ne saurait empêcher de régulariser un acte librement constaté conformément aux prescriptions légales ; *que décider autrement serait livrer les conventions à une incertitude qui n'a pu entrer dans la pensée du législateur et qu'aucun texte ne permet de supposer* (1). »

Nous extrairons de cet arrêt les deux points suivants qui s'y trouvent le premier en substance, le second expressément : qu'il ne convient pas d'assigner un délai à l'apposition du contreseing du notaire second, que le notaire rédacteur, quoique seul, a qualité pour constater définitivement le consentement des parties contractantes.

Dans le but de restreindre la portée de cette argumentation on a objecté (2) que l'arrêt avait statué en une matière toute différente de celle dont nous traitons, puisqu'il s'agissait d'un acte non encore signé par le notaire en second au jour du décès de l'une des parties contractantes. L'objection n'est que spécieuse. Les considérants sur lesquels nous nous appuyons ne sont pas que relatifs à l'espèce

______

(1) Cet arrêt ajoute : Attendu que la signature du notaire en second pouvant être apposée hors la présence des partis et après la réception de l'acte, il s'ensuit qu'elle peut être donnée : 1o dans un lieu autre que celui où l'acte a été reçu, pourvu que ce lieu fasse partie de la circonscription dans laquelle le premier et le deuxième notaire ont qualité pour instrumenter. — 2o *à une date postérieure à celle où le consentement des contractants a été constaté.*

(2) Notamment Defrénois, *Répertoire général pratique du Notariat*, 1895, art. 8323, page 229.

jugée par la Cour, ils ont une sphère d'application beaucoup plus étendue en raison de la généralité de leurs termes, de l'absence de toute restriction. Ils sont la confirmation pure et simple de notre manière de voir en ce qu'ils refusent de découvrir des obstacles de fait à l'apposition de la signature et en ce qu'ils reconnaissent le peu d'importance de cette formalité (1).

44. Cependant nous ne pouvons souscrire entièrement à l'opinion suivie par la Chancellerie, et consacrée par la Cour de cassation dans son arrêt récent de 1897 : nous croyons devoir différer d'avis avec elles quant à la conciliation des articles 9 de la loi de ventôse, 1394 et 1395 du Code civil (2). Interprétant strictement les dispositions de l'article 1394, qui requiert l'authenticité des actes constatant les conventions matrimoniales, la Cour de cassation et la Chancellerie exigent, à peine de nullité, que les contrats de mariage soient revêtus de la signature du notaire second avant le jour de la célébration. Jusqu'à l'accomplissement de cette formalité, disent-elles, le contrat n'existe

(1) « En disant : à une date postérieure, ajoutait le ministre dans la lettre visée plus haut, la Cour de cassation n'a fixé ni entendu fixer aucune limite, ni imposer aucune restriction, et la doctrine contraire ne saurait invoquer aucun texte en sa faveur. »

Mais il est évident que la mort du notaire second se produisant avant toute apposition de signature, entraînerait la nullité de l'acte en tant qu'acte authentique : il est désormais certain, en effet, que la formalité de l'art. 9 de la loi de ventôse ne pourra pas être observée.

(2) « Toutes conventions matrimoniales seront rédigées avant le mariage par acte devant notaire » (art. 1394). « Elles ne peuvent recevoir aucun changement après la célébration du mariage » (art. 1395).

pas dans la forme authentique, or, si le mariage est célébré dans l'intervalle, les époux n'ayant pas fixé leurs conventions matrimoniales dans la forme prescrite par la loi, sont mariés sous le régime de la communauté légale.

Cette solution, adoptée par un grand nombre d'auteurs, nous paraît extrêmement rigoureuse et quelque peu contraire à l'esprit de la loi. Nous préférons partager, sur cette délicate question, l'opinion de M. Wahl, qui s'exprime ainsi dans la note précitée : « Nous ne voyons pas ce que vient faire ici l'article 1394 car d'autres actes encore sont soumis à la forme authentique ni même l'article 1395, car si les conventions matrimoniales ne peuvent être modifiées pendant le mariage, cela n'entraîne pas la conséquence qu'après le mariage on ne puisse pas mettre le contrat de mariage à l'abri d'une nullité de forme. Le contrat de mariage est, comme tout autre acte, régulier, à la condition qu'à un moment quelconque la signature du notaire second puisse être donnée ; tant qu'il ne se produit aucun événement qui enlève au second notaire la capacité ou la qualité nécessaire à cet effet, l'acte ne peut être attaqué. »

45. Telle est bien, en effet, l'appréciation qu'il convient de formuler sur la conciliation des articles 9 de la loi de ventôse, 1394 et 1395 du Code civil. Il est strictement vrai qu'un acte n'est authentique que lorsqu'il a été revêtu de la signature du notaire second, mais nous avons montré précédemment le peu d'importance que le législateur attribuait à cette formalité et nous avons établi qu'elle n'ajoutait rien à la valeur des conventions. Dès lors ne serait-il pas excessif, ne serait-il pas contraire aux intentions secrètes du législateur, d'admettre une sanction aussi sévère à l'accomplissement tardif d'une formalité que le rapporteur de la loi de 1843 qualifiait d'illusoire? D'un autre côté, si l'on se pénètre des raisons auxquelles ont obéi les rédacteurs du Code civil en édictant l'article 1394, on acquiert la certitude qu'ils ne songeaient nullement à faire de cette formalité une condition essentielle de la validité des contrats de mariage. Ce qu'ils ont voulu, c'était empêcher la confection en la forme sous seings privés, qu'ils jugeaient insuffisante au point de vue de la sincérité ou de l'autorité, d'actes dont la haute importance était digne d'éveiller leur sollicitude, puisqu'ils déterminent le régime légal auquel sont soumis les biens compris dans l'association conjugale. En conséquence, ils ont exigé que les conventions matrimoniales fussent constatées par « acte devant notaire » et du moment que le contrat de mariage est dressé par le *ministère d'un notaire* leur volonté est respectée, la prescription légale est obéie. C'est donc dans cet esprit qu'il faut interpréter les exigences de l'article 1394, si l'on ne veut prêter au législateur des intentions dont on ne peut trouver la justification ni dans les antécédents de la loi ni dans la nature de la formalité (1).

(1) Si l'on voulait suivre les auteurs adverses sur le terrain de l'interprétation littérale on pourrait tirer argument de ce que le texte de l'article 1394 parlant d'un acte « devant notaire » emploie le singulier pour ce dernier mot. Mais est-il nécessaire d'avoir recours à

46. Au reste, quel est le rôle exact du contreseing du notaire second dans l'authentication des actes ? N'apparaît-il pas, surtout depuis la loi de 1843, comme une condition suspensive de forme dont la réalisation importe à la perfection de l'acte ? Dès lors il se trouve assujetti à toutes les règles qui gouvernent les conditions suspensives, il revêt les caractères de celles-ci et produit un effet rétroactif au jour de la réception. En conséquence, dans l'espèce qui nous occupe, la signature donnée par le notaire second après la célébration du mariage rétroagissant au jour du contrat sera censée avoir été apposée au moment de la confection, donc le contrat est valable car il est entiè-

cette argumentation pour démontrer que les auteurs de l'article ne pensaient nullement à la formalité de l'article 9 de la loi de ventôse ?

Un jugement du tribunal de Murat du 14 août 1816, confirmé par un arrêt de la cour de Riom du 12 février 1818, fait ressortir ce caractère : Attendu que, soit les lois anciennes, soit les lois nouvelles ont toujours considéré les contrats de mariage différemment que des contrats ordinaires.... l'article 931 assujettit les actes portant donation entre vifs à être passés devant *notaires* (au pluriel) dans la forme des contrats, et il doit en rester minute, sous peine de nullité, ce qui suppose la nécessité d'un notaire et de deux témoins ou de deux notaires, puisqu'il y est dit : dans la forme ordinaire des contrats, tandis que l'arsicle 1394 n'assujettit les conventions matrimoniales qu'à être rédigées avant le mariage et devant *notaire* (au singulier) c'est-à-dire devant un officier public choisi par la famille pour être le secrétaire rédacteur de la loi qu'elle s'impose, et dans laquelle elle n'a pas besoin de témoins pour certifier avec le notaire l'expression de sa volonté. Dalloz, Répert., *Obligations*, n° 743, note 1.

Conf. arrêt précité de la Cour de cassation du 3 janvier 1888 aux termes duquel le notaire, quoique seul, a qualité pour constater définitivement le consentement des parties contractantes.

rement conforme aux dispositions des articles 1394 et 1395 du Code civil. On pourrait ajouter, en réponse aux partisans de l'opinion adverse, que la conséquence logique de la conception qu'ils se sont faite de l'importance de ce contreseing serait de ne reconnaître date certaine à l'acte notarié que lorsqu'il a été revêtu de la signature du notaire en second, car jusque-là l'acte n'est pas authentique au sens strict du mot. Or bien évidemment cette solution n'a jamais été admise par ces auteurs. Il est vrai que pour éviter le reproche d'inconséquence et reconnaître à l'acte date certaine dès le moment de la confection, ils pourraient, comme le fait habilement remarquer M. Wahl, exiger que le notaire second signât l'acte immédiatement après le notaire rédacteur (1) mais ce résultat serait directement contraire à la volonté des auteurs de la loi. Les dispositions de celle-ci resteraient lettre morte et leur utilité, affirmée cependant par un usage plusieurs fois séculaire, disparaîtrait.

On le voit par toutes les raisons qui précèdent, la solution que nous avons adoptée est la plus conforme aux intentions du législateur et aux enseignements de la logique.

(1) C'est ce qu'ont fait certains auteurs : Louis Perrin (*Revue du Notariat*, 1895, art. 9340), et Didio (ibidem, 1895, art. 9341. — Cités par M. Wahl).

SECTION IV

DU DROIT DE RÉQUISITION DU MINISTÈRE DU NOTAIRE SECOND.

47. Notre étude sur les attributions et la responsabilité du notaire second serait incomplète si nous ne tâchions d'élucider un point également très controversé et sur lequel ont statué les arrêts précités de la Cour d'Orléans et de la Cour de cassation. Il s'agit du droit de réquisition et de la faculté pour le notaire rédacteur de l'acte d'user de ce droit à l'égard de l'un de ses collègues. Nous nous demanderons donc si le notaire instrumentant peut, afin de satisfaire aux prescriptions de l'article 9 de la loi de ventôse, contraindre l'un de ses collègues à contresigner l'acte dont la rédaction lui a été confiée ?

La Cour d'Orléans, dans son arrêt de 1895, a soutenu la négative. Elle fonde son opinion sur l'absence de disposition légale et sur l'option que l'article 3 de la loi de ventôse paraît devoir réserver au notaire rédacteur de l'acte. M. Defrénois partage cette opinion qu'il trouve conforme aux principes de responsabilité et aux travaux préparatoires de la loi de 1843 (1).

----

(1) *Répertoire général pratique du Notariat*, loc. cit.

Nous ne croyons pas devoir admettre cette solution dont les raisons ne nous paraissent pas concluantes. Nous préférons nous ranger à l'argumentation plus habile et plus juridique de M. Wahl (1) ainsi qu'aux conclusions du ministère public dans le litige soumis à l'appréciation de la Cour d'Orléans (2). D'ailleurs, la Cour de cassation, dans son arrêt récent de 1897, a sanctionné la théorie que nous adoptons, lui donnant ainsi l'appui de sa haute autorité (3).

48. Il est incontestable que le droit de réquisition est trop exceptionnel de sa nature et trop important dans ses effets pour pouvoir être admis en dehors d'un texte, aussi n'hésiterions-nous pas à en nier l'existence à l'égard du notaire second, si nous ne le trouvions contenu en germe dans les articles 3 et 9 de la loi de ventôse. « Les notaires sont tenus de prêter leur ministère lorsqu'ils en sont requis », dit l'article 3 ; c'est la reconnaissance formelle du droit qu'ont les parties de requérir le ministère d'un notaire sauf les limitations et réserves résultant de la nécessité des circonstances ou de dispositions expresses (4).

(1) Note précitée.

(2) S. 1896, 2, 1.

(3) Attendu, dit-elle, que le notaire, auquel les parties ont eu recours pour faire dresser acte authentique de leurs conventions, tient de la loi elle-même le pouvoir de faire tout ce qui est nécessaire pour accomplir sa mission et par suite celui de *requérir soit la signature du notaire en second* soit celle de deux témoins instrumentaires, conformément aux art. 3 et 9 de la loi de ventôse, sous la condition que l'acte, pour lequel la signature est requise, soit régulier.

(4) Notamment art. 1037, Code de Procédure civile. Il est permis,

Il s'ensuit que les parties, après avoir fait choix d'un notaire pour la rédaction d'un acte, peuvent, si elles le jugent bon, contraindre un autre notaire, par voie de réquisition, à apposer sa signature audit acte, dans le but de satisfaire aux prescriptions de l'article 9 de la loi de ventôse. Mais il est bien certain que dans la pratique les parties n'usent pas de ce droit de réquisition. Elles s'adressent à un notaire pour faire constater les contrats intervenus entre elles, les droits leur compétant, et le chargent implicitement de remplir toutes les formalités nécessaires à la perfection de l'acte. Or, il n'est pas douteux que le contreseing du notaire second doive être rangé dans la catégorie de ces formalités. Par conséquent le notaire rédacteur, mandataire tacite des parties, se substitue valablement à elles dans l'exercice du droit de réquisition à l'égard du notaire second. « Mais si le droit de réquisition appartient aux parties, il appartient nécessairement aussi au notaire rédacteur, dit M. Wahl ; mandataire des parties pour la rédaction de l'acte, il est nécessairement chargé par elles d'accomplir toutes les formalités qui composent cette rédaction ; d'autre part, il reçoit implicitement d'elles la mission de remplir les formalités qui sont la conséquence nécessaire de l'acte rédigé par lui. »

49. Il serait puéril d'objecter, se basant sur une assi-

en effet, d'étendre par voie d'analogie l'application de l'art. 1037 au ministère du notaire. Celui-ci ne serait donc pas tenu de déférer à la réquisition des parties, si cette réquisition se produisait à des heures ou à des jours autres que ceux permis aux termes de cet article.

milation factice du rôle du notaire second à celui des deux témoins, que ce notaire ne saurait être l'objet d'un droit de réquisition, puisque le droit n'existe pas à l'égard des témoins. Le notaire second, en contresignant l'acte, fait acte de son ministère : il agit comme notaire, il est plus que l'équivalent des deux témoins. Cette vérité est très bien exposée par M. Labbé (1) : « Le notaire qui, dans une mesure quelconque, participe à la confection de l'acte et à son authenticité, fait office de notaire, il exerce la profession dont il vit ; il peut être requis de le faire. Si seul il tient lieu de deux témoins, c'est précisément parce qu'il intervient avec son caractère d'officier public. »

En outre, que penser de l'argument tiré de l'option réservée par l'article 3? Est-il tellement péremptoire qu'il puisse ruiner notre théorie? Nullement. De ce que le législateur a laissé au notaire rédacteur de l'acte la faculté de choisir entre le ministère d'un collègue et l'assistance de deux témoins, il ne s'ensuit pas que, l'intitulé de l'acte ayant été rédigé dans un sens conforme au premier terme de cette option, c'est-à-dire à l'intervention d'un collègue, le notaire, dont le contreseing a été sollicité, puisse sans motif sérieux refuser son ministère. Il ne faut pas se méprendre sur la portée de cette option. C'est raisonner quelque peu subtilement, semble-t-il, que d'envisager la faculté octroyée par l'article 9 comme la consécration légale du droit pour le notaire second de refuser son ministère, ou,

(1) Note sous arrêt de cassation, 7 janvier 1879. Sirey, 1879, 1, 241.

si l'on veut, comme la négation du droit de réquisition. Ce qu'ont voulu les auteurs de la loi, c'était faciliter le plus possible au notaire rédacteur l'accomplissement d'une formalité, qu'ils maintenaient un peu par esprit de routine, il faut bien le dire, et pour cela ils offraient deux moyens : le concours d'un collègue ou l'assistance de deux témoins. Du reste, la nécessité les contraignait de reconnaître au notaire en premier le droit de réquisition, car à l'époque de la promulgation de la loi, il eut été très difficile, dans les campagnes, de trouver des témoins instrumentaires réunissant les conditions imposées ; il fallait donc, pour que la prescription légale fût obéie et pour éviter le reproche d'illogisme ou d'imprévoyance, permettre au notaire de triompher du caprice, de l'opposition ou de la résistance injustifiable de son confrère.

50. Il ne convient pas davantage, après les développements qui précèdent, de s'arrêter à cet autre argument que l'exercice du droit de réquisition serait la source d'une grave et injuste responsabilité. Nous avons montré, en effet, qu'en apposant sa signature à l'acte qui lui est présenté, le notaire second ne saurait engager sa responsabilité, puisque cette formalité, pour employer une expression du rapporteur de la loi, est purement illusoire, et qu'elle n'implique pas un contrôle obligatoire. Dès lors, où serait l'obstacle à l'exercice du droit de réquisition ? Comment une telle pratique pourrait-elle offenser la notion fondamentale de responsabilité ?

51. Enfin on peut compléter cette argumentation par un

argument d'ordre historique. On sait que sous l'ancien droit la règle de la réception des actes par deux notaires était déjà en vigueur et qu'elle fut plus d'une fois l'objet d'une réglementation du pouvoir royal. Or il résulte de plusieurs documents législatifs et corporatifs que l'obligation de signer en second les actes des confrères existait corollairement (1). Mais cette obligation de signer en second les actes qu'est-elle ? Sinon le droit de réquisition envisagé au point de vue passif.

C'est ainsi que les statuts et réglements des conseillers du roi, notaires au Châtelet de Paris, du 30 avril 1679, obligeaient les notaires *de signer l'un pour l'autre* les actes et contrats non contraires aux ordonnances et aux bonnes mœurs, à peine d'une légère amende. Une édit de Louis XIV, d'octobre 1691, sanctionna cette pratique et l'étendit aux notaires de Lyon. Une déclaration du 4 septembre 1706, portant création de notaires syndics dans les villes et bourgs du royaume, édicte entre autre la règle suivante :

« Lesdits notaires *signeront en second* tous les contrats « et actes passés par leurs confrères et il leur sera payé « 2 sols 6 deniers pour chacun desdits actes ».

Or il ne faut pas perdre de vue que les lois de 1791 et du 25 ventôse an XI ont eu pour but de codifier l'ensemble des prescriptions antérieures relatives à la matière.

____

(1) M. Amiaud le constate dans l'étude qu'il consacre à cette question. — Voir *Journal du Notariat*, 1895, p. 120.

Elles les ont maintenues en les rajeunissant. Ainsi l'article 4 de la section II de la loi de 1791 dispose « que les actes des notaires publics seront reçus dans chaque lieu *suivant les anciennes formes* ». Ne doit-on pas en conclure que le législateur a voulu conserver la tradition, c'est-à-dire *l'obligation* du contreseing pour le notaire en second ?

52. Ces considérations nous paraissent décisives et nous croyons pouvoir en déduire avec certitude l'existence du droit de réquisition. Toutefois, nous devons confesser que l'exercice illimité de ce droit pourrait porter atteinte aux droits de la conscience et qu'il convient dans l'intérêt de la justice d'apporter des tempéraments à ce que l'application stricte de ce principe notarial pourrait avoir de trop rigoureux et absolu (1). Aussi n'hésiterions-nous pas, au cas où l'acte contiendrait des irrégularités, à reconnaître au notaire en second le droit de refuser son ministère, car si la signature n'est pas susceptible d'engager sa responsabilité civile, comme nous l'avons établi précédemment, elle peut du moins, en soulevant d'honorables scrupules, dont il faut tenir compte, engager sa responsabilité morale. Décider autrement serait violer le principe de liberté.

Qu'on n'aille pas objecter qu'une pareille restriction est suffisamment forte pour anéantir la règle et détruire notre théorie, parce que, dit-on, le notaire second pourrait tou-

____

(1) C'est ce qu'a compris et décidé la Cour de cassation dans l'arrêt de 1897.

jours arguer d'un scrupule de conscience pour colorer un refus. Il est bien évident que cette raison ne serait plausible, que la résistance ne serait légitime qu'au cas d'irrégularité réelle dont la constatation appartiendrait, en cas de difficultés, à la Chambre de discipline ou aux tribunaux. En résumé, lorsque l'acte est entièrement régulier et réunit toutes les conditions imposées par la loi pour sa validité, le notaire second est contraint de déférer à la réquisition de son confrère, il ne peut valablement refuser sa signature. Il est à peine besoin d'ajouter qu'il ne s'agit pas ici d'une contrainte effective à l'exécution littérale d'une obligation ; la seule sanction de cette prescription consiste dans une peine disciplinaire et, s'il y a lieu, dans une condamnation à des dommages-intérêts.

53. Quelque graves que puissent paraître les raisons qui servent de fondement à cette solution, elles n'ont pas reçu l'approbation unanime de la jurisprudence. L'arrêt d'Orléans a nié l'existence du droit de réquisition. Nous n'avons pas à revenir sur les motifs qui ont entraîné la conviction des juges de la Cour, nous les avons réfutés par avance en exposant notre théorie. Du reste, la Cour de cassation dans son arrêt de 1897 a fait justice de l'argumentation de la Cour d'Orléans et a reconnu formellement au notaire rédacteur le droit de requérir le ministère de son collègue (1). Formulons l'espoir que cette jurisprudence soit définitive.

(1) La Cour de cassation est allé plus loin. Elle a attribué au no-

Ce n'est pas, d'ailleurs, la seule décision émanant de la Cour suprême qui puisse servir de confirmation à la doctrine que nous soutenons. M. Amiaud relate dans le *Journal du Notariat* (1) une intéressante décision de la Chambre des notaires de Pithiviers rendue en 1881 à l'égard d'un notaire qui avait refusé d'apposer sa signature à l'acte présenté par un confrère, à cause de la dissemblance existant entre cet acte et celui qu'il avait rédigé (l'acte avait été passé en double minute devant les deux notaires) (2). Le notaire condamné se pourvoit devant la Cour de cassation contre la décision. La Cour rejette le pourvoi :

« Attendu, dit-elle, que la décision de la Chambre des notaires de Pithiviers, qui prononce contre Me B... la peine

taire rédacteur le droit de requérir le ministère de deux témoins. Nous ne partageons pas sur ce point l'avis de la Cour. Une telle solution est extrême et n'a pas, selon nous, de fondement légal. Nous y reviendrons dans l'étude que nous consacrerons aux fonctions des témoins.

(1) 1893, p. 121.

(2) Les attendus sont à citer : « Attendu que si la Chambre ne peut, en droit, obliger Me B... à apposer sa signature puisque, en fait en la forme, *il existe une irrégularité, c'est-à-dire une dissemblance entre les deux minutes*, elle n'en est pas moins fondée à blâmer le notaire, au point de vue des procédés et des rapports confraternels, puisqu'il s'est refusé à employer les moyens propres à régulariser cette situation.

« Attendu que des démarches amiables ont eu lieu sans résultat de la part de plusieurs membres de la Chambre auprès de Me B... pour l'inviter à ne pas persister *dans un refus injustifiable* et qu'il n'a pu fournir aux membres aucun motif sérieux pouvant légitimer sa conduite envers son confrère ».

du rappel à l'ordre, n'est pas fondée sur le refus fait par lui, d'apposer sa signature à la minute de l'acte de vente dressé par un confrère.

« Que la Chambre reconnaît elle-même qu'elle n'a pas le droit d'obliger le demandeur à signer cette minute, *à raison de l'irrégularité qu'elle présente et de la dissemblance qui existe entre elle et celle qui se trouve aux mains de M⁰ A...*

« Mais attendu que la Chambre de discipline, appréciant la conduite de M⁰ B... au point de vue des procédés et des rapports confraternels, a vu un *juste* sujet de blâme dans un refus réitéré et *inqualifiable* d'employer les moyens propres à régulariser la situation : qu'en le rappelant à l'ordre, dans les circonstances, la Chambre a usé du pouvoir qui lui appartenait et n'a violé aucune loi. Rejette... »

Ces motifs sont précieux à retenir. Par argument *a contrario* nous pouvons, semble-t-il, en conclure que si l'acte n'avait présenté aucune irrégularité et que la Chambre des notaires de Pithiviers eût condamné le notaire second à apposer sa signature, la Cour de cassation eût approuvé la décision de la Chambre, eût consacré judiciairement cette solution en rejetant le pourvoi. Or n'est-ce pas là encore la confirmation pure et simple de notre théorie ?

SECTION V

DROIT DU NOTAIRE SECOND AUX HONORAIRES.

54. Mais le notaire second, dont le ministère a été requis ou simplement sollicité, qui a, conformément à cette réquisition ou demande, apposé sa signature à l'acte, a-t-il droit à rémunération ? Peut-il exiger du notaire rédacteur le partage des honoraires ?

Pour résoudre cette question il est nécessaire de recourir aux principes qui déterminent et réglementent le droit aux honoraires, il nous suffira ensuite d'en faire l'application au cas particulier du notaire second.

On sait ce qu'on entend par honoraires. C'est la rémunération à laquelle ont droit les notaires dans l'exercice de leur profession. Ce droit incontestable trouve son fondement légal dans l'article 51 de la loi de ventôse (1) et son fondement rationnel dans la nécessité pour chacun de vivre de son état. *Sua cuique ars pro viatico est,* a dit Loyseau. En d'autres termes, le droit aux honoraires est la résultante directe de l'accomplissement d'un acte pro-

(1) Les honoraires et vacations des notaires seront réglés à l'amiable entre eux et les parties, sinon par le tribunal civil de la résidence du notaire, sur l'avis de la Chambre et sur simple mémoire sans frais.

fessionnel. Plusieurs éléments entrent en ligne de compte dans l'appréciation et la fixation de ces émoluments. L'article 173 du tarif de 1807 (1) en énonce deux : la nature de l'acte et les difficultés que sa rédaction aura présentées.

Mais ce ne sont pas les seuls, cette disposition est certainement incomplète ; il convient d'ajouter à l'énumération légale deux autres termes : la responsabilité et l'importance des valeurs engagées dans l'acte.

Ces principes ont été suivis de tout temps. Nous en trouvons la preuve dans un édit de juillet 1580, portant augmentation du salaire des notaires pour certains actes (2). Dans le courant de ce siècle une instruction de M. le garde des sceaux, du 10 juin 1822, exprime les mêmes règles (3). Toutefois ces divers éléments n'ont pas tous une égale

(1) Tous les autres actes du ministère des notaires, notamment les partages et ventes volontaires qui auront lieu par devant eux seront taxés par le président du tribunal de première instance de leur arrondissement, *suivant la nature et les difficultés* que leur rédaction aura présentées et sur les renseignements qui lui seront fournis par les notaires et les parties.

(2) Henri III motivait cette augmentation sur l'importance du labeur et sur l'obligation où sont les notaires, eux, leurs veuves ou leurs héritiers, de faire la représentation de leurs actes, à peine de tous dommages-intérêts. — *Dictionnaire du Notariat*. Honoraires.

(3) Consulté par le Procureur général près la Cour de Bourges sur la question de savoir « si les honoraires des notaires doivent être basés sur l'importance des actes et la responsabilité qu'ils encourent comme sur les difficultés que présentent la rédaction de ces mêmes actes », il répondit que cette question « était résolue affirmativement par l'article 173 du tarif, qui veut que les taxes des actes notariés soient faites suivant la nature et les difficultés que leur rédaction aura présentées. »

influence sur la fixation des honoraires, il en est dont l'importance est plus considérable, l'action plus décisive. Ces éléments principaux sont la responsabilité et les difficultés de l'acte : ils sont véritablement les facteurs et régulateurs de l'évaluation.

55. A la lueur de ces principes généraux, la solution de la question apparaîtra claire et facile : nous nous bornerons, en effet, à rechercher si l'acte professionnel du notaire second — c'est-à-dire l'apposition de la signature — présente les caractères et comporte les éléments qui créent le droit aux honoraires. Tout d'abord, il est notable qu'on ne saurait attribuer au notaire second un rôle identique dans tous les actes notariés à l'authentication desquels ils coopère. Ce rôle varie en importance et en difficultés, nous l'avons vu, selon qu'il s'agit des actes prévus par l'article I de la loi de 1843 ou des actes spéciaux visés par l'article II, il varie encore dans le cas où ce notaire a reçu des parties la mission de participer effectivement à la confection de l'acte. Or, comme nous prétendons établir le droit aux honoraires sur le caractère de l'intervention et l'importance du rôle du notaire second, nous sommes naturellement amené à reproduire dans la recherche de la solution la distinction consacrée par les deux premiers articles de la loi de 1843.

56. Il nous paraît impossible de reconnaître au notaire second un droit aux honoraires lorsqu'il exerce son ministère dans l'hypothèse prévue par l'article 1 de la loi de 1843. Nous ne retrouvons, en effet, dans l'acte qu'il accomplit aucun des éléments qui justifient une rémunération. Le fait par ce notaire d'apposer sa signature à l'acte après la confection de ce dernier, est purement matériel ; il s'agit ici d'une formalité dont l'accomplissement n'exige aucun effort intellectuel, aucun travail effectif. Dès lors, il serait quelque peu osé de prétendre qu'une opération d'une simplicité aussi élémentaire puisse procurer au notaire second un émolument, si faible soit-il. Et si l'on objecte que l'apposition de la signature occasionne un dérangement pour le notaire, que ce dérangement professionnel mérite comme les autres une rétribution, nous répondrons que le notaire rend un service qui trouve sa récompense dans la réciprocité existant sur ce point avec ses collègues et que, du reste, il ne fait qu'accomplir un devoir de confraternité. On pourrait encore objecter que la mission de vérification, dont le législateur a investi le notaire second, exige quelque effort d'attention, cause une perte de temps et par conséquent justifie une rémunération. Mais il faut se rappeler que cette mission est purement facultative, comme nous l'avons établi, qu'elle ne constitue pas une obligation professionnelle proprement dite. Dès lors, si, par scrupule de conscience ou dans un esprit de confraternité, il a procédé à cette vérification, il a agi dans un intérêt personnel ou a voulu rendre un service gratuit, et dans un cas comme dans l'autre, où serait le droit à un émolument ?

Cette analyse nous montre donc que l'exercice du ministère du notaire second dans l'hypothèse prévue par l'article 1 de la loi de 1843 n'implique aucune difficulté d'exécution. Entraîne-t-elle une responsabilité ? Nullement. Nous avons consacré à cette question des développements trop complets pour que nous ayons à y revenir. Mais alors les deux éléments qui servent de base et de justification à une réclamation d'honoraires faisant défaut, le droit ne saurait évidemment prendre naissance.

57. La solution doit-elle être identique lorsque le notaire second exerce son ministère dans l'hypothèse prévue par l'article 2 de la loi de 1843 ou plus généralement lorsqu'il coopère effectivement à la confection de l'acte ? Nous ne le pensons pas. Ses attributions dans ce cas sont toutes différentes : il ne se contente plus de contresigner l'acte après sa confection, la loi lui impose un ministère plus actif. Il doit assister à la lecture et à la signature, s'assurer de la légalité des diverses énonciations, vérifier la régularité de la contexture extérieure. En un mot, il doit veiller sous sa responsabilité personnelle à l'observation de la loi, à l'accomplissement des formalités prescrites. Parfois même il reçoit des parties la mission de veiller à la sauvegarde de leurs droits, alors il doit assister aux discussions préparatoires à la rédaction de l'acte et défendre, si besoin est, les intérêts de ses commettants. Il est vrai que, dans ce dernier cas, le notaire second ne fait plus exclusivement acte de sa fonction, il joue en même temps le rôle de conseil des parties, et ce caractère juridique est suffisant par lui-même pour fonder un droit à rémunération. Mais il n'est pas moins certain que l'exercice du ministère du notaire second dans les conditions prévues par l'article 2 de la loi de 1843 constitue une participation effective à la confection de l'acte. Nous ne nous trouvons plus ici en présence d'un rôle purement passif, mais d'une intervention active, imposant un effort intellectuel sérieux, une perte de temps plus ou moins longue, et toujours un dérangement souvent préjudiciable. Ajoutons à cela la responsabilité à laquelle peut être exposé le notaire second dans l'exercice de telles fonctions et nous verrons réunis dans cet acte professionnel les divers éléments dont l'existence fonde et justifie le droit aux honoraires. En conséquence, le notaire rédacteur est tenu de partager avec son collègue les honoraires qu'il a perçus.

Cette solution a été consacrée par un arrêt de la Cour de cassation du 7 janvier 1879 cassant un jugement du tribunal de Rambouillet qui avait dénié au notaire second le droit aux honoraires (1). Elle est conforme aux conclusions développées par M. l'avocat général Desjardins au

---

(1) Sirey, 1879, 1, 241. « Attendu, dit cet arrêt, que le droit aux honoraires est attribué par la loi aux notaires, pour les actes qu'ils reçoivent, comme une juste rémunération et une conséquence de l'exercice légal de leur office public;

« Attendu que dans le cas, où en exécution de l'article 9 de la loi du 25 ventôse an XI, et à la demande des parties, un acte est reçu par deux notaires agissant en cette qualité dans les limites du ressort assigné à leur exercice, et *concourant l'un et l'autre à la réception de l'acte*, chacun d'eux remplit l'office de son ministère, et, par conséquent, a droit de prendre part aux honoraires afférents à l'œuvre commune... »

Dans le même sens, Nancy, 31 janvier 1891. Sirey, 1891, 2. 76.

cours des débats : « Ce que nous examinons en ce moment, disait l'organe du ministère public, c'est une question d'honoraires. A ce point de vue la conservation de la minute n'est-elle pas un fait absolument accessoire ? Entendre les parties, les éclairer sur leurs droits et sur leurs intérêts, comprendre leurs intentions, les traduire, préparer l'acte, le rédiger et lui imprimer, après cette préparation, la forme solennelle, la force attachée aux actes de l'autorité publique : voilà, ce me semble, la partie essentielle de la fonction notariale. Quand l'acte a été reçu dans ces conditions, comment dénier le droit aux honoraires ? » Et il concluait : « Vous casserez donc le jugement attaqué. En le cassant vous proclamerez deux principes juridiques qui sont des règles de sens commun et de justice : le premier c'est que le concours effectif à l'acte notarié est l'exercice légal de la fonction notariale, le second c'est que le droit aux honoraires est la conséquence naturelle de ce concours apporté et accepté. »

M. Labbé exprime la même opinion (1). S'inspirant de cette vérité que le notaire en second exerce son ministère d'officier public et coopère effectivement à la confection de l'acte authentique, le distingué professeur lui reconnaît le droit à une partie des honoraires « Maintenant, ajoute-t-il, que le partage des honoraires se fasse inégalement entre les notaires qui ont inégalement participé à la rédaction et à la réception de l'acte, nous le comprenons, cela est de toute justice. La rémunération doit être proportionnée à

____

(1) Voir dans Sirey la note sous l'arrêt précité.

la peine prise, au service fourni, à la responsabilité encourue. Ces éléments, qui influent sur la fixation des honoraires d'un acte, doivent influer sur la distribution des honoraires entre les notaires participants. »

58. Toutefois, nous ne saurions admettre dans son inté-
grité la doctrine de M. Labbé et nous ne pouvons le suivre
dans toutes les conséquences du principe qu'il pose : tout
officier public qui, à propos d'un acte, exerce sa fonction,
a droit à une part des honoraires de cet acte. Ce principe
appliqué sans aucune limitation conduit, en effet, à décider
que, même dans l'hypothèse prévue par l'article 1er de la
loi de 1843, alors que le rôle du notaire second consiste
purement et simplement à contresigner l'acte après sa confection, cet officier public a droit à rémunération. Or, de
telles conséquences sont extrêmes, nous avons exposé précédemment les raisons qui selon nous font obstacle à leur
acceptation. Est-ce à dire qu'en rejetant cette solution nous
nous rangions à l'argumentation ingénieuse de MM. Demolombe et Carel, à laquelle répond M. Labbé (1)? Nulle-

(1) Voir Sirey note précitée :

1o Le notaire second fait l'office des deux témoins instrumentaires,
il n'a donc, pas plus qu'eux, le droit de réclamer des honoraires.

2o La réception d'un acte par deux notaires fait naître une créance
unique au profit du notaire rédacteur.

Art. 173. — Décret 16 février 1807 :

3o Le notaire rédacteur, détenteur de la minute, a seul la garantie
du paiement des honoraires en refusant expédition.

Art. 851. — Code de procédure civile :

4o Le notaire, qui cède son étude, traite du recouvrement des honoraires encore dûs, sans avoir à se préoccuper d'autrui.

Art. 59. — Loi du 25 ventôse an XI.

ment, pas plus que nous ne pourrions adhérer aux considérants émis par les juges de Rambouillet (1). Nous nous permettrons de reprocher aux premiers de s'être servis d'arguments d'induction « remarquablement subtils mais difficilement probants ». Nous reprocherons aux seconds d'avoir apprécié quelque peu arbitrairement la fonction notariale en imposant, comme conditions essentielles et constitutives de son exercice, un ensemble de caractères et de faits, dont il ne semble pas que le législateur ait voulu exiger la réunion pour que le notaire fît véritablement acte de sa profession. Nous maintenons donc comme base fondamentale de notre théorie ce principe que le notaire second, en contresignant l'acte de son collègue, exerce sa fonction propre de notaire, d'officier public, mais nous lui refusons toute participation aux honoraires, lorsqu'il exerce son ministère dans l'hypotèse prévue par l'article 1er de la loi de 1843, parce que l'acte qu'il accomplit n'est nullement compréhensif des éléments qui fondent le droit à une rémunération.

59. Nous avons admis que le notaire second, qui exerce son ministère dans les cas prévus par l'article 2 de la loi de 1843 ou qui coopère effectivement à l'entière confection de l'acte sur la demande des parties, a droit de participation aux honoraires. Nous avons vu également que la rémunération doit être proportionnée à la peine

---

(1) « On ne peut considérer comme ayant agi en qualité de notaire que celui qui a parcouru toutes les phases de la fonction, telle qu'elle est définie par l'art. 1er de la loi de ventôse. »

prise, aux services fournis, à la responsabilité encourue. Le droit et l'étendue du droit ainsi déterminés, nous devons maintenant rechercher quel est pour le notaire second le mode de recouvrement des honoraires qui lui sont dus.

Nous pensons avec M. Labbé que le notaire, dépositaire de la minute, a seul qualité pour recevoir des parties les honoraires de l'acte *in globo*, sauf à les diviser entre lui et son collègue. Ce procédé offre de grands avantages pratiques : il est conforme à la volonté des parties qui préfèrent se libérer en une fois et, d'un autre côté, il ne saurait présenter que peu d'inconvénients, étant donné les garanties de moralité et de solvabilité du notaire qui perçoit. Le procédé contraire, c'est-à-dire la réclamation faite aux parties par chaque notaire des honoraires qui lui sont dus personnellement, ne serait-il pas interprété comme une marque de défiance à l'égard d'un collègue et n'aurait-il pas pour effet de compromettre la dignité de la fonction ? « Nous ne dirons pas, enseigne M. Labbé, que la loi attribue au notaire dépositaire de la minute une créance solidaire, nous ne voudrions pas employer ce grand mot ni même prononcer celui de mandat, de pouvoir donné. Le notaire détenteur de la minute, celui dans l'étude duquel l'acte a été passé, celui dans l'étude duquel les parties s'acquittent, se libèrent, reçoit pour le compte de son collègue. Il serait injurieux de demander à ce notaire s'il a reçu de la loi une créance solidaire ou de son collègue un pouvoir. Au besoin, il est gérant d'affaires spontané ; il

touche pour le compte de qui il appartiendra, et la confiance qu'il doit inspirer, son honorabilité ne doivent donner aucun intérêt à la recherche de la qualité juridique en
vertu de laquelle il donne quittance. »

Cette règle, si recommandable par l'esprit de confraternité qui l'inspire, a trouvé place dans les statuts corporatifs de la plupart des compagnies.

SECTION VI

CONCLUSION (1).

60. Nous avons ainsi terminé l'étude des fonctions et
de la responsabilité du notaire second ainsi que des différentes questions qui s'y rattachent, qui en sont comme le
complément nécessaire. Il importe maintenant, à la fin de
ce travail, de jeter un coup d'œil d'ensemble sur la loi de
1843, de l'envisager dans ses résultats, d'en apprécier le
mérite et l'utilité. Après une période de plus de cinquante
années d'existence pendant laquelle, pour employer un
terme jurisprudentiel, elle a pu sortir tous ses effets, cette

---

(1) Cette conclusion n'est pas uniquement relative au ministère du
notaire en second, ainsi que pourrait le faire supposer la place qu'elle
occupe dans l'économie de cette étude, elle a une portée plus étendue
et s'applique également au ministère des deux témoins.

tâche est relativement facile. La loi nous apparaît ainsi dans le recul du temps et, dans le travail d'analyse et de critique auquel nous nous livrons, nous ressemblons — qu'on nous permette la comparaison — à ces spectateurs qui, placés à une certaine distance d'un monument, peuvent plus aisément en embrasser l'ensemble, en remarquer les vices de construction, en apprécier la solidité ou la fragilité.

61. L'impression qui se dégage de cette étude est que la loi de 1843 fut une demi-mesure. Rappelons brièvement les circonstances qui lui donnèrent naissance. Le législateur de cette époque, préoccupé avant tout de l'immense responsabilité qu'une jurisprudence récente de la Cour de cassation faisait peser sur tout le notariat, voulut remédier rapidement à une situation grosse de périls et d'incertitudes. L'intérêt même des justiciables commandait une prompte solution. Il ne fallait pas permettre à la mauvaise foi de s'éveiller ni lui donner la possibilité de s'affranchir, sous prétexte d'illégalité, des obligations loyalement contractées. Pour atteindre à ce résultat et tarir dans leur source une foule de contestations, un moyen efficace et pratique s'offrait à la sollicitude des pouvoirs publics. Ce moyen était l'interprétation de l'article 9 de la loi de ventôse par voie d'autorité, c'est-à-dire par l'organe du pouvoir législatif : il avait le mérite précieux de respecter le principe fondamental de la non-rétroactivité des lois. Le gouvernement s'en servit. Il prit l'initiative du dépôt d'un projet de loi interprétant l'article contro-

versé et ce texte interprétatif devint la loi du 21 juin 1843.
Telle fut la genèse de cette loi.

Mais comme tous les textes interprétatifs, la loi devait
reproduire le plus fidèlement possible l'esprit et les termes
mêmes de la disposition précitée. Si donc le législateur
désireux de réaliser une réforme qui semblait en harmonie avec les besoins de l'époque, avait supprimé pour
l'avenir une règle dont il venait de donner l'interprétation pour le passé, il eût pu encourir le reproche de méconnaître l'esprit de l'article 9 de la loi de ventôse, et de
vouloir en réalité soumettre à l'empire des dispositions
nouvelles tous les actes accomplis antérieurement. Ce
scrupule le retint et la règle de la réception des actes par
deux notaires fut maintenue. Nous ne voulons pour preuve
de cet état d'esprit du législateur que les précautions
prises par M. Dupin dans son remarquable rapport à la
Chambre des députés pour éviter ce reproche et les longs
développements qu'il consacre à la démonstration de la
parfaite légalité de l'interprétation législative.

62. D'un autre côté, quoique les auteurs de la loi fussent convaincus de l'inefficacité de la règle, ils croyaient
cependant devoir la conserver à cause des quelques avantages qu'elle était susceptible de procurer. Ils ne s'illu-
sionnaient pas certes sur la valeur des garanties qu'elle
apporte à la sincérité des actes notariés, et de temps à
autre un accès de franchise incite le rapporteur à un pé-
nible aveu. Mais, chez ces hommes qui avaient pour l'œu-

vre législative du début de ce siècle le culte le plus profond, l'esprit de tradition l'emporta.

63. Nous ne devons pas hésiter à le reconnaître : le législateur de 1843 a fait une œuvre incomplète et illogique. Ou bien il considérait que le ministère du notaire devait être soumis à un contrôle minutieux et efficace, et alors il devait généraliser la disposition de l'article 2, en faire l'application à tous les actes notariés ; ou bien il considérait — avec plus juste raison — que les notaires ne méritaient pas un régime de surveillance et de suspicion, et alors il devait rejeter la règle formulée par l'article 9 de la loi de ventôse comme inutile et surannée. Si l'on en juge d'après les travaux préparatoires de la loi, c'est à cette dernière considération qu'il s'est arrêté. Mais, pour les raisons que nous avons énumérées plus haut, il a reculé devant sa consécration légale et lui a substitué une solution mixte. C'est une excuse, est-ce une justification ?

Quoiqu'il en soit, les faits ne sont pas venus démentir les secrètes prévisions des auteurs de la loi : les garanties résultant pour les parties de la règle de la réception des actes par deux notaires sont purement nominales. Comment voir, en effet, dans l'application, même très légale, de cette règle une protection sérieuse de leurs intérêts ? Comment admettre que le notaire second, absent au moment de la confection de l'acte, puisse s'assurer de l'entière véracité de celui-ci, puisse affirmer qu'il est la reproduction fidèle de la volonté des parties? Dans la très grande majorité des cas, le notaire en second appose de confiance sa signature à l'acte de son collègue et considère comme un devoir de discrétion professionnelle de ne pas prendre communication de ses énonciations. Bien plus, généralement — et nous avons recueilli ce témoignage de la bouche même de plusieurs notaires établis dans des régions différentes — pour faciliter la besogne et causer moins de dérangement, on procède ainsi : tous les six mois ou tous les ans un clerc du notaire rédacteur se présente à l'étude d'un· confrère de son patron et soumet à sa signature tous les actes rédigés durant cette longue période. Celui-ci les signe tous en une fois, avec la plus grande célérité, sans prendre évidemment la peine ni le soin d'en parcourir la teneur. Telle est la pratique notariale qui s'est rapidement instituée sans provoquer aucune plainte des particuliers, sans soulever aucune récriminination des pouvoirs publics, il ne pouvait en être autrement.

64. De tels faits ne sont-ils pas la condamnation de la disposition légale, la démonstration éloquente de son inutilité? Ils portent en eux un enseignement qui ne doit pas échapper à la vigilence du législateur : ils prouvent, en effet, que l'article 9 de la loi de ventôse et l'article 1 de la loi de 1843 ne répondent plus aux besoins, aux nécessités du temps, qu'ils constituent au point de vue légal un véritable anachronisme,

A l'origine du notariat, la règle que consacrent ces articles apparaissait comme un rouage indispensable au bon fonctionnement du mécanisme de l'institution, comme un frein nécessaire pour retenir le notaire dans la voie de la probité, aujourd'hui son utilité a disparu par suite de la réglementation nouvelle et minutieuse de ces importantes fonctions et de l'amélioration qui s'est produite dans le recrutement des titulaires. C'est qu'en effet nous sommes loin de l'époque où le notariat était une carrière d'un accès particulièrement facile, une fonction ne recevant aucune investiture, ne subissant aucun contrôle de l'autorité publique. C'était une profession médiocrement lucrative, jouissant d'une considération tout ordinaire, exercée par des gens de condition plutôt modeste (1). Une telle situation devait préoccuper le pouvoir royal qui prit des mesures très légitimes de protection.

Aujourd'hui le notaire est un fonctionnaire public, nommé par le pouvoir exécutif, placé sous la surveillance de l'autorité judiciaire. Il exerce des fonctions lucratives, considérées, très recherchées. En général, il est d'une condition sociale élevée où l'on se montre particulièrement respectueux des principes d'honneur et de probité. Voilà pourquoi le notariat a vu croître son prestige et sa considération. Dès lors, pourquoi maintenir une règle qui

(1) Rappelons, à titre de preuve, l'art. 25 de l'ordonnance de 1304 : « Nullo vili officio vel ministerio se immisceant vel utantur, nec carnifices vel barbitonsores existant. »

procède d'un esprit injuste de défiance à l'égard d'une corporation dont l'honorabilité est un fait incontesté et incontestable (1).

65. D'autres raisons militent en faveur de l'abrogation. Un désir très naturel chez l'homme est d'assurer le secret de ses affaires, du chiffre de sa fortune. Il lui répugne que les actes constatant ses droits, ses obligations, ses créances, ses transactions puissent être livrés à la publicité. C'est surtout dans les populations rurales, où la quasi-communauté de vie développe l'esprit d'émulation et d'envie, que cette répulsion se manifeste avec le plus d'intensité. Or s'il arrive souvent, presque toujours même, que le notaire second ne s'inquiète pas de la teneur de l'acte, il peut arriver cependant que cédant à un moment de curiosité, très explicable du reste, il prenne connaissance des différentes énonciations. C'est donc là un résultat directement contraire à la volonté légitime des parties.

Enfin, qu'on se rappelle les nombreuses difficultés que suscite l'application de la règle, les controverses qu'elle a engendrées, les décisions parfois regrettables de la jurisprudence et l'on reconnaîtra qu'il importe, dans un intérêt général, de mettre un terme le plus vite possible à ces divergences, à ces incertitudes qui servent d'aliment aux procès, qu'exploite la mauvaise foi.

(1) Rappelons encore que des officiers publics moins considérables, comme les huissiers et les agents forestiers, peuvent faire seuls acte de leurs ministère. Comment justifier cette anomalie ?

66. C'est pourquoi nous nous associons aux professeurs (Wahl, note précitée), aux écrivains spéciaux (Defrénois, op. cit., page 230), aux comités des notaires (Comité des notaires des départements) pour demander au législateur l'abrogation de l'article 9 de la loi de ventôse et conséquemment de l'article 1 de la loi de 1843. En 1891, un député, M. Royer, déposa un projet de loi dans ce sens (*J. Off.*, avril 1891, doc. parlementaires de la Chambre des députés, p. 605). Formulons l'espoir que cette réforme, dont l'utilité s'impose, se réalise promptement. Plus heureux que les auteurs de la loi de 1843, le législateur ne sera pas retenu dans son œuvre par les scrupules d'ordre juridique qui ont pu paralyser leur volonté. Sa tâche sera facile. Pour faire triompher cette réforme il lui suffira de s'appuyer sur les résultats de la pratique, de mettre en lumière le haut enseignement qui s'en dégage, d'invoquer la nécessité de mettre en harmonie les prescriptions de la loi positive avec les besoins du temps. Il aplanira ainsi bien des difficultés et donnera au notariat un témoignage d'estime et de confiance dont il est digne à tous égards.

DEUXIÈME PARTIE

DES TÉMOINS

—

67. De même que le notaire en second, dont nous nous sommes occupé dans la première partie de cette étude, les témoins participent dans une certaine mesure à la confection des actes notariés.

Nous connaissons la disposition de l'article 9 de la loi de ventôse aux termes de laquelle : l'assistance de deux témoins ou le concours d'un confrère est nécessaire au notaire rédacteur pour conférer à l'acte le caractère d'authenticité. Les témoins contribuent donc comme le notaire second et au même titre que lui à l'authentication des actes, c'est là une première fonction. Les personnes qui l'exercent portent le nom de témoins *instrumentaires*.

68. Il en est une autre. Aux termes de l'article 11 de la loi précitée : le nom, l'état et la demeure des parties devront être connus des notaires, ou leur être attestés dans l'acte par *deux citoyens* connus d'eux, ayant les mêmes qualités que celles requises pour être témoin instrumen-

taire. Dans de cas les témoins ont pour mission de certifier au notaire rédacteur l'identité des parties, l'exactitude
de leurs déclarations quant à leurs nom, qualités et domicile : on les appelle *témoins certificateurs d'individualité*. Leur attestation est une garantie pour le notaire
qui ne connaît pas les parties et dont la bonne foi pourrait
être surprise : elle le décharge de toute responsabilité en
cas d'usurpation de noms ou de qualités.

69. Enfin, il est d'usage de faire intervenir à certains
actes spéciaux, particulièrement importants, tels que le
contrat de mariage, des personnes parentes, alliées ou
amies de la famille des parties qui, en assistant à l'acte,
donnent aux contractants un témoignage d'affection, d'estime ou de considération. Ce sont les *témoins honoraires*.

70. Nous étudierons successivement, dans la seconde
partie de ce travail, les différentes fonctions que peuvent
exercer les témoins dans la confection des actes notariés,
les obligations qui leur incombent, et les conditions de
capacité requises par la loi pour l'exercice valable de ces
fonctions.

TITRE PREMIER

DES TÉMOINS INSTRUMENTAIRES.

—

71. On entend par témoins instrumentaires les personnes qui assistent le notaire dans la réception des actes de son ministère et qui contribuent, par leurs signatures, à conférer à ces actes l'authenticité. Ce sont, en principe, des surveillants que le législateur a placés auprès du notaire dans le but d'assurer la sincérité des actes. Leur rôle est donc, par nature, un rôle de surveillance (1).

Mais il serait erroné de croire que le rôle joué par ces témoins est toujours identique dans tous les actes notariés ; comme celui du notaire second, il varie en importance et en étendue selon la nature des actes. C'est pourquoi une division s'impose dans l'étude de leurs fonctions.

(1) Du moins telles étaient, à l'origine de l'institution, le caractère et la raison d'être de l'intervention des témoins. Aujourd'hui cette qualification n'est plus rigoureusement exacte car elle n'est pas conforme à la réalité des faits dans la majeure partie des cas. Si nous la maintenons, c'est parce que nous la considérons comme étant encore l'expression de la vérité théorique.

72. Nous diviserons donc ce titre en deux chapitres : l'un relatif aux témoins instrumentaires dans les actes ordinaires, l'autre relatif aux témoins instrumentaires dans les testaments. Afin de donner à cette étude des développements plus complets, nous la ferons précéder d'un chapitre qui contiendra l'historique rapide de l'institution.

CHAPITRE PREMIER

73. L'institution des témoins instrumentaires a une origine très ancienne. Comme nous l'avons montré dans le chapitre 1 de la Iere partie, elle existait déjà chez les Romains. Elle passa de la législation romaine dans l'ancien droit. L'édit de juillet 1304 décidait que les notaires recevraient les contrats dans des lieux et en des heures et temps non suspects et par devant des témoins *connus et dignes de foi*. Une ordonnance de Louis XI, de mars 1498, rappelle l'obligation de faire concourir à la confection des actes authentiques deux notaires, ou un notaire et deux témoins, *nonobstant quelque coutume locale contraire qu'il déclare nulle et abusive*. Les ordonnances de 1507, 1543 et 1579 reproduisent cette disposition. L'article 166 de l'ordonnance de Blois de 1579 portait : « et afin d'obvier aux *faussetés et suppositions* qui peuvent se commettre pour ce regard, nous voulons qu'ès lieux ou jusques à présent a esté permis qu'un seul notaire, en présence de deux témoins, puisse recevoir et puisse contracter testaments et autres, ledit notaire, s'il est ès villes ou gros bourgs, esquels vraisemblablement on puisse avoir témoins qui sachent signer, et au cas que la partie qui s'oblige ne puisse signer, soit tenu d'appeler pour le moins un *témoin* qui sache signer, et lequel actuellement signera avec lui la minute ».

Remarquons au sujet de cet article que sa disposition est moins rigoureuse que celle de l'article 9 de la loi de ventôse : l'assistance d'un seul témoin sachant signer suffit pour la validité de l'acte.

Des jurisconsultes considérables tels que d'Aguesseau proclamaient la haute utilité de cette institution. « Les témoins instrumentaires, disait le chancelier, sont ceux qui, par leurs signatures, *assurent la vérité et la foi des actes*. Leurs fonctions approchent de celles des notaires et ils partagent avec eux la confiance de la loi ». Quoi qu'il en soit, cette utilité ne parait pas avoir été appréciée par les contemporains et nous avons vu comment l'usage s'était rapidement établi de se dispenser de l'assistance réelle des deux témoins pour se contenter simplement de leur signature après la confection de l'acte. La pratique s'était montrée hostile à la théorie : elle avait fini par en triompher.

74. Il semble donc que le législateur de l'époque révolutionnaire eût dû, dans son œuvre de reconstruction légale, se préoccuper des enseignements de la pratique et supprimer une règle dont l'inutilité était unanimement reconnue. Chose étrange, à cette époque où l'on remettait tout en question, où l'on adoptait tant de principes nouveaux et hardis qui devaient être les fondements du nouvel édifice, le législateur paraît avoir attaché quelque prix à la conservation de très anciennes formalités d'une efficacité presque illusoire. C'est ainsi que l'article 4 de la section II du décret du 6 octobre 1791 disposait : « Provisoirement et jusqu'à la confection du Code civil, les actes des notaires publics seront reçus dans chaque lieu *suivant les anciennes formes...* » Or ces anciennes formes nous les connaissons, c'était le concours d'un collègue ou l'assistance de deux témoins. Il est vrai que cette disposition paraissait être une mesure provisoire et que, pour cette raison, le législateur est excusable de n'y avoir pas attaché une grande importance. Mais la conservation de la règle eut des conséquences plus graves qu'il ne le supposait. Par le fait même que l'institution des témoins instrumentaires avait survécu au naufrage des autres règles et principes qui régissaient le notariat, elle reprenait une nouvelle force, elle maintenait la tradition et, appuyée sur cette double base l'ancien droit et le droit révolutionnaire, s'imposait avec plus d'autorité à l'attention du législateur de la loi de ventôse. Celui-ci, influencé par ces diverses considérations, crut devoir lui donner une nouvelle consécration légale. C'est ce qu'il fit dans l'article 9 de la loi de ventôse.

« Les actes seront reçus par deux notaires, ou par un notaire assisté de deux témoins, citoyens français, sachant signer et domiciliés dans l'arrondissement communal où l'acte sera passé » dit l'article 9 de la loi de ventôse.

La règle de l'assistance des témoins était donc définitivement maintenue. On sait les controverses que suscita l'interprétation de l'article 9 et les fluctuations regrettables de la jurisprudence. La loi du 21 juin 1843 vint mettre un terme à ces divergences et rassurer le notariat.

75. Depuis cette époque jusqu'à ces temps derniers l'institution des témoins instrumentaires ne fut l'objet d'aucun projet de réforme ou de suppression. En 1888, une proposition de loi fut déposée à l'effet d'accorder à la femme le droit d'être témoin dans les actes de l'état civil. Cette innovation était hardie : elle avait pour conséquence d'introduire dans notre législation un principe que les jurisconsultes de l'ancien droit et les législateurs du début du siècle s'étaient refusés à consacrer. La proposition reçut un accueil hostile : elle ne vint pas en discussion. Il en fut de même pour une seconde proposition, identique à la première, déposée en 1889. Ces échecs ne découragèrent pas les défenseurs de cette idée, très juste du reste, que de pareilles fonctions pouvaient être remplies aussi avantageusement par des femmes que par des hommes, et que l'incapacité dont la loi frappait les premières était le fruit d'un préjugé indigne de notre temps. En 1890, M. Lecomte, député de l'Indre, déposa un projet de loi ayant le même objet, mais emportant cette restriction que deux femmes ne pourraient en même temps être témoins. Ce projet fut accueilli avec moins de défaveur, il fut l'objet d'un rapport, mais le rapport conclut au rejet et la discussion n'eut pas lieu. En 1893, M. Lecomte fit une nouvelle tentative et déposa une proposition de loi qui accordait à la femme le droit absolu d'être témoin dans les actes de l'état civil. Cette fois il ne rencontra plus autant d'hostilité, la proposition fut prise en considération et adoptée par la Chambre le 30 janvier 1896. La commission du Sénat, chargée d'étudier le projet de loi, se montra encore plus libérale que l'auteur et reconnut aux femmes le droit d'être témoins non seulement dans les actes de l'état civil mais encore *dans tous les actes instrumentaires*. Le Sénat, dans la séance du 17 juin 1896, admit cette modification. Le projet ainsi modifié revint à la Chambre des députés qui l'adopta dans la séance du 29 novembre 1897 et le *Journal Officiel* du 9 décembre de cette même année publiait la nouvelle loi.

76. Aux termes de l'article unique les articles 37, 980 du Code civil, les articles 9 et 11 de la loi de ventôse sont modifiés. Nous ne nous occuperons pas de l'article 37 qui est totalement étranger à notre sujet, mais nous reproduirons les autres.

« Article 980 : Les témoins appelés pour être présents aux testaments devront être majeurs, français, sans distinction de sexe. Toutefois le mari et la femme ne pourront être témoins ensemble dans le même testament.

« Loi de ventôse, article 9 : Les actes seront reçus par deux notaires ou par un notaire assisté de deux témoins, de l'un ou de l'autre sexe, sachant signer et domiciliés dans l'arrondissement communal où l'acte sera passé. Toutefois le mari et la femme ne pourront être témoins ensemble dans le même acte.

« Article 11 : Le nom, l'état et la demeure des parties devront être connus des notaires ou leur être attestés dans l'acte par deux personnes connues d'eux, ayant les mêmes qualités que celles requises pour être témoins instrumentaires. »

77. Il importe de bien préciser le caractère de cette loi pour en délimiter la portée. Ce qu'ont voulu les auteurs de la loi de 1897 c'est réparer la faute commise par le législateur de 1804 dans l'article 37 du Code civil (1), c'est-à-dire supprimer une incapacité qui était en réalité une déchéance. Au point de vue juridique, l'interdiction par la femme d'être témoin aux actes d'état-civil était injustifiable. Elle ne pouvait se justifier que si l'on considérait le droit d'être témoin comme une dépendance de la capacité politique : car, à ce point de vue, notre législation consacre une inégalité entre l'homme et la femme. Mais une telle conception est inadmissible : le témoin ne remplit pas une fonction publique, il atteste seulement des faits matériels : l'identité des déclarants, l'exactitude des déclarations, la conformité des actes avec celles-ci. Il faut par conséquent reconnaître que ce droit tient uniquement à la capacité civile. Dès lors, si l'on ne peut lui attribuer un

---

(1) Les témoins produits aux actes de l'état civil ne pourront être *que du sexe masculin*, âgés de vingt et un ans au moins, parents ou autres, et ils seront choisis par les personnes intéressées.

caractère politique, comment trouver le fondement d'une inégalité?

Au point de vue du droit naturel cette interdiction n'était pas moins injustifiable. Elle apparaissait comme une survivance, un vestige de ces législations anciennes qui considéraient la femme comme incapable, de par sa constitution physique et ses facultés intellectuelles, d'exercer certains droits privés, de remplir aucune fonction civile. On sait combien cette prétention était contraire à la vérité naturelle et à l'équité : elle était autant le fruit de l'ignorance que d'un calcul politique. Une telle disposition n'était donc plus en harmonie avec les mœurs nouvelles, avec les idées du temps. Le législateur a fait œuvre de libéralisme et de progrès en l'effaçant de nos codes.

78. Mais il n'a pas voulu s'arrêter à mi-route et a poursuivi la réforme jusqu'aux actes notariés et testaments. Désormais donc la femme est pleinement capable de remplir les fonctions de témoin instrumentaire. A vrai dire, l'incapacité dont elle était frappée en cette matière pouvait trouver sa justification. Il ne faut pas oublier, en effet, qu'aux termes de l'article 9 de la loi de ventôse les témoins participent avec le notaire à l'authentication des actes : le notaire ne peut par lui-même conférer l'authenticité. Ils exercent ainsi une véritable fonction publique qu'il est strictement permis de rattacher à la capacité politique mais qui, comme telle, est susceptible de légitimer l'exclusion des femmes. Quoi qu'il en soit, ces considérations purement théoriques n'ont pas arrêté le législateur, nous ne pouvons que le féliciter de sa décision qui porte l'empreinte de la sagesse et de l'équité. S'il avait reconnu à la femme le droit d'être témoin dans les actes de l'état civil et s'il lui avait dénié ce droit dans les actes instrumentaires, il eut établi une distinction qui eût été une disparate.

79. Nous avons ainsi dégagé la pensée des auteurs de la loi de 1897. Ils ont voulu donner satisfaction au besoin impérieux d'égalité qui semble être le trait caractéristique des temps présents, ils se sont associés, pourquoi ne pas le dire? au mouvement féministe. A ce sujet, la loi récente peut être envisagée comme un acheminement vers le triomphe des bruyantes revendications féminines.

Mais il faut se garder de voir dans cette loi un autre but, un autre objectif que la reconnaissance légale de l'aptitude de la femme à remplir le rôle de témoin dans les actes de l'état civil et dans les actes notariés. Il serait, par conséquent, inexact de prétendre qu'elle a voulu modifier les conditions de capacité requises pour l'exercice des fonctions de témoin instrumentaire. Ces conditions n'ont pas varié, ce sont celles formulées par l'article 9 de la loi de ventôse et l'article 980 du Code civil, sauf nécessairement celles qui sont basées sur le sexe et que la loi nouvelle a fait disparaître.

Toutefois il faut reconnaître qu'un examen superficiel du texte légal pourrait faire naître un doute. Les dispositions nouvelles, à la différence des dispositions anciennes. ne paraissent pas subordonner l'exercice des fonctions de témoins à la jouissance des droits civils et politiques ainsi qu'à la condition d'avoir atteint l'âge de la majorité. Cette diversité de rédaction pourrait donc faire supposer que le législateur a voulu supprimer ces dernières conditions. Ce serait certainement une erreur d'interprétation. Il suffit, pour s'en convaincre, de se rappeler le mobile auquel il a obéi et de consulter les travaux préparatoires de la loi (1). Il voulait simplement, nous le répétons, conférer à la femme le droit d'être témoin et il a modifié la disposition légale dans ce sens mais il n'entendait nullement innover en ce qui concerne les conditions d'idonéité aux fonctions de témoin instrumentaire. Toutefois il est permis de critiquer la rédaction nouvelle des articles 9 de la loi de ventôse et 980 du Code civil : elle contient une lacune et manque de précision. Parce qu'elle ne reflète pas suffisamment la pensée des auteurs de la loi, elle donne prise à la controverse.

(1) Voir la discussion de la loi. — *Journal Officiel*, Doc. parlement. d'août 1897, p. 170 ; Doc. parlement. de décembre 1897, p. 1439 ; Doc. parlement. de février 1898, p. 138. — *Journal Officiel* du 18 août 1897, débats parlementaires, p. 1007. — *Journal Officiel* du 30 novembre 1897, débats parlementaires, p. 2623.

CHAPITRE II

80. Nous savons que la loi subordonne l'exercice des fonctions de témoin instrumentaire à la réunion de certaines conditions de capacité. Ces conditions apparaissent comme autant de mesures de précaution sagement prises par le législateur dans le but de conserver au témoignage le caractère de sincérité et d'indépendance qui fonde son autorité. Il convient, dans ce chapitre, de les étudier minutieusement et de chercher à résoudre les difficultés auxquelles donne lieu l'application de la loi.

81. Deux textes régissent notre sujet : article 9 de la loi de ventôse-article 10 § 2. Nous connaissons la disposition de l'article 9 et nous avons vu, dans le chapitre précédent, les modifications qui y ont été récemment apportées. Nous ajouterons que le nouveau texte n'est pas suffisant par lui-même pour formuler la loi de notre matière : il doit être complété par l'ancien, comme nous le montrerons. Quant à l'article 10 § 2, il décide : les parents, alliés soit du notaire, soit des parties contractantes au degré prohibé par l'article 8, leurs clercs et leurs serviteurs ne pourront être témoins.

82. De la combinaison de ces différents articles il résulte que les conditions requises pour être témoin sont au nombre de quatre : 1° citoyen français ; 2° savoir signer ; 3° être domicilié dans l'arrondissement judiciaire où l'acte est passé ; 4° être ni parent ni allié soit des notaires soit des parties contractantes au degré prohibé. Les trois premières conditions sont positives, la dernière est négative.

83. On sait que la première de ces conditions ne figure pas dans l'énumération donnée par la nouvelle disposition légale. L'explication en est simple. Le législateur, soucieux avant tout de modifier l'article 9 de la loi dans un sens conforme au nouveau principe, ne voulait pas exiger comme condition d'exercice du droit d'être témoin la qualité de citoyen français, puisque celle-ci est incompatible avec la qualité de femme, c'eût été évidemment reprendre d'une main ce qu'il donnait de l'autre, mais il aurait dû spécifier qu'à l'égard des hommes cette condition restait impérieusement requise ; ainsi toute équivoque eût été évitée. Nous n'avons donc pas à nous préoccuper du silence de la loi et nous devons décider aujourd'hui comme auparavant qu'il est indispensable d'avoir la qualité de citoyen français pour remplir les fonctions de témoin instrumentaire.

Mais qu'entend-on par citoyen français ? De quelles qualités, de quels éléments la loi exige-t-elle la réunion pour l'attribution de ce titre ? Pour être citoyen français, il faut être : né ou naturalisé Français, majeur, mâle, jouissant de ses droits civils et politiques.

Nous avons dit incidemment, dans le chapitre précédent, que le législateur avait fait œuvre de logique en exigeant du témoin cette condition de capacité. C'est qu'en effet le témoin instrumentaire est investi d'une fonction publique : il coopère avec le notaire rédacteur à l'authentication des actes, c'est-à-dire qu'il leur imprime le caractère et la force des actes émanant de l'autorité publique. Mais, pour cette raison, nous devons à la vérité de reconnaître que si le législateur, en rendant les fonctions de témoin accessibles à la femme, quoiqu'elle ne puisse prétendre à la qualité de citoyen, a réalisé une réforme véritablement équitable et libérale, du moins a-t-il porté une atteinte, très légère il est vrai, au principe supérieur de logique (1).

84. De cette règle que la qualité de citoyen français est indispensable pour l'exercice des fonctions de témoin, nous devons tirer cette évidente conséquence que quiconque n'a pas ou n'a plus la qualité requise est formellement exclu de ces fonctions. C'est ainsi que l'étranger, même jouissant en France des droits civils en vertu de l'article 13, ne peut être témoin. Il en est de même pour les Alsaciens-

______

(1) Un principe fondamental doit dominer cette matière, c'est que la capacité est la règle, l'incapacité l'exception. Tout Français peut donc être témoin, s'il n'est privé de ce droit par un jugement ou par un texte précis de loi, et nous ajouterons que conformément à l'adage : *exceptio est strictissimæ interpretationis*, les causes d'incapacité doivent se restreindre plutôt que s'étendre par interprétation.

De plus, il ne faut pas oublier que le témoin jouit de la présomption de capacité, la preuve de l'incapacité incombe toujours au demandeur en nullité.

Lorrains qui n'ont pas opté pour la qualité de Français :
ils ont perdu leur titre de citoyen en vertu de l'article 2
du traité de Francfort.

· **85**. De même, les condamnés à une peine afflictive et
infamante, et dans certains cas les condamnés à des peines correctionnelles sont incapables de remplir les fonctions de témoin. En ce qui concerne les premiers, on sait,
en effet, que les peines énumérées par les articles 7 et 8
du Code pénal entraînant de plein droit la dégradation civique, frappent les condamnés de déchéance. Quant aux
seconds, ils peuvent être privés, en vertu des articles 42
et 43 du même Code, par décision du tribunal correctionnel, de l'exercice de certains droits civiques, civils et de
famille, et notamment du droit d'être employé comme témoin dans les actes (art. 42, § 7). Mais, comme nous l'avons observé plus haut (1), il faut bien se garder d'étendre
les incapacités et de considérer, par exemple, comme incapable de remplir les fonctions de témoin l'individu condamné pour vol et privé de ses droits politiques *stricto
sensu*, c'est-à-dire de ses droits électoraux. C'est ce qu'a
décidé la Cour de Douai dans un arrêt rendu le 13 août
1884, confirmatif d'un jugement du tribunal de Montreuil-
sur-Mer du 26 mars de la même année (2). « Attendu, dit
ce jugement, que l'incapacité électorale prononcée par

____

(1) Voir la note de la page précédente.
(2) *Revue du Notariat*, n° 6976.

l'article 15 du décret du 2 février 1852 ne peut être étendue, qu'elle laisse intact l'exercice de tous les autres droits
de citoyen français, lesquels ne peuvent être atteints que
de texte de loi ou par un jugement. »

Cette décision paraît très juridique. Pour qu'un individu,
condamné à l'emprisonnement pour vol et n'ayant pas été
privé de l'exercice de ces droits civiques, civils et de famille aux termes de l'article 42 du Code pénal, fût dans
l'impossibilité de remplir les fonctions de témoin, il faudrait admettre une sorte d'indivisibilité entre les différents droits qui constituent le statut politique et civil des
personnes. Or cet indivisibilité est manifestement contraire à la pensée du législateur puisque l'article 42, en
reconnaissant aux tribunaux correctionnels la faculté d'interdire à un condamné l'exercice des droits dont il donne
l'énumération, les laisse libres de ne prononcer cette interdiction que pour quelques-uns d'entre eux (arg. des
mots : pouvant, dans certains cas, interdire *en tout ou en
partie*, l'exercice des droits). En d'autres termes, la privation de certains droits, tels que ceux de vote et d'élection (art. 42 § 1) d'éligibilité (art. 42 § 2), n'entraîne pas
nécessairement la privation d'autres droits, tels que celui
d'être employé comme témoin dans un acte (art. 42, § 7).
On peut donc affirmer que les décisions judiciaires sus
relatées ont fidèlement interprété la loi. L'article 15 du
décret organique du 2 février 1852 n'a pas eu d'autre
but que de substituer, en cas de certaines condamnations

correctionnelles, une incapacité électorale de plein droit à l'interdiction facultative formulée par l'article 42 du Code pénal (1).

86. Une question très discutée en doctrine et en jurisprudence est celle de savoir si le failli non réhabilité peut être témoin dans un acte notarié (2). Il faut reconnaître que la solution de cette question présente de graves difficultés, car elle dépend essentiellement de la signification que l'on doit attribuer aux mots *citoyens français* de l'article 9 de la loi de ventôse et de l'article 5 de la constitution du 22 frimaire an VIII. Nous avons admis, pour notre part, que le législateur de la loi de ventôse, en exigeant du témoin la qualité de citoyen français, voulait qu'il eût la jouissance, non seulement de ses droits civils, mais encore de ses droits civiques : si son intention avait été toute différente il se fût contenté de la qualité de Français. Toutefois nous avouons qu'une grande incertitude règne

(1) Dans ce sens : *Encyclopédie du Notariat*, témoin instrumentaire, n° 19.

(2) Pour l'incapacité : Aubry et Rau, tome VIII, § 775, page 203, note 19. — Rutgeerts et Amiaud, op. cit., tome I, n° 348. — Dalloz, *Répertoire*, Obligations, n° 3299, supplément n° 1442. — Rouen, 13 mai 1839, *Journal des Notaires*, art. 10, 433. — Amiens, 7 juillet 1873, *Revue du Notariat*, n° 4494.

Pour la capacité : Clerc, *Traité général du Notariat*, tome II, n° 1570. — Mourlon, *Répétitions écrites*, tome II, page 345. — Demolombe, *Donations et Testaments*, tome IV, n° 187. — Laurent, *Principes de Droit civil*. — *Journal des Notaires*, art. 17,543. — Cassation : 10 Juin 1824, *J. des Notaires*, art. 4773 ; 10 mars 1829, Sirey, 29, 1, 247 ; 24 mai 1842, Sirey, 42, 1, 488. — Amiens, 9 mars 1864, *Revue du Notariat*, art. 827.

sur la pensée des auteurs de la loi, car aucun texte constitutionnel n'a défini la qualité de citoyen français ni déterminé l'ensemble des droits qui la constituent. Quoi qu'il en soit, fidèle à notre interprétation, nous devons considérer que le droit d'être témoin instrumentaire n'est pas, comme certains auteurs le prétendent, un simple droit civil ou un droit politique *stricto sensu*, mais bien un droit civique proprement dit, présentant un caractère public, puisque le témoin instrumentaire, en contribuant à l'authentication des actes, exerce une fonction publique. Ce principe une fois dégagé, il suffit pour résoudre la question qui nous occupe, de rechercher si le failli non réhabilité a encore la jouissance de ses droits civiques.

L'article 5 de la Constitution du 22 frimaire an VIII dispose : l'exercice des droits de citoyen français est suspendu : 1° par l'état de débiteur failli... Ce texte constitutionnel, qui est encore en vigueur aujourd'hui, est le siège de la controverse. Nombre d'auteurs se sont appuyés sur sa disposition pour dénier au failli non-réhabilité le droit d'être témoin instrumentaire. Il faut confesser qu'un examen superficiel et rapide du texte peut raisonnablement conduire à cette opinion, surtout si l'on envisage ce droit comme une dépendance de la capacité politique. Mais nous ne croyons pas à l'exactitude de cette solution qui nous paraît contraire à l'esprit et à la portée de l'article 5. Le véritable objet de cette disposition a été d'interdire au failli non-réhabilité l'exercice de ses droits politiques au sens restreint du mot, c'est-à-dire du droit de désigner par son suffrage les citoyens les plus propres à gérer les affaires publiques, de concourir à la formation des listes dans lesquelles doivent être pris les fonctionnaires publics de l'arrondissement et du département, ou comprenant les citoyens du département éligibles aux fonctions nationales (art. 7, 8, 9), mais non pas d'interdire l'exercice des droits civiques proprement dits tels que le droit d'être témoin, d'être expert, de témoigner en justice, etc... En d'autres termes, il convient de donner au mot citoyen une signification restreinte, limitée à la seule capacité politique, c'est-à-dire à l'ensemble des droits qui ont pour objet la formation ou l'exercice des pouvoirs publics. Et l'article 15 du décret organique du 2 février 1852, en frappant d'incapacité électorale les faillis non réhabilités, n'a fait que confirmer la disposition de l'article 5 de la Constitution de l'an VIII.

87. Or nous avons vu que le Code pénal dans son article 42 a soigneusement distingué la privation du droit d'élection et d'éligibilité (§ 1 et 2) de la capacité d'être témoin dans les actes (§ 7). Un jugement correctionnel peut édicter la perte des premiers sans prononcer la seconde. Qu'est-ce à dire sinon que les différents droits, dont il est question en l'article 42, ne sont unis entre eux par aucun lien d'indivisibilité, que la privation des uns n'entraîne pas nécessairement la privation des autres ? Mais alors, de ce que l'article 5 de la constitution de l'an VIII suspend de l'exercice de ses droits politiques le failli non réhabilité il n'est pas possible rigoureusement de conclure à son incapacité d'être témoin dans les actes. La déchéance dont il est frappé au point de vue politique ne saurait avoir de répercussion sur ses autres droits civiques et civils. A l'égard de ces derniers sa capacité reste pleine et entière et, en conséquence, nous devons décider qu'il peut valablement remplir les fonctions de témoin instrumentaire.

De plus, nous pourrions dire avec un arrêt de la Cour de Cassation du 18 juin 1824 (1) « que la nomenclature des droits dont le failli peut être privé se trouve explicitement dans les lois sur le commerce et qu'elles ne portent pas l'interdiction au failli d'être témoin instrumentaire dans les actes notariés (2) ». D'ailleurs, ne serait-il pas anormal qu'un failli pût être membre d'un conseil de famille (3), tuteur, subrogé-tuteur (4) et qu'il ne pût être témoin dans un acte public ? (5)

88. Outre la capacité civile, le témoin doit avoir la capacité physique ou naturelle. Quoique la loi ne men-

______

(1) *Journal des Notaires*, art. 4773.

(2) Art. 443 du Code de commerce : le failli est dessaisi de l'administration de ses biens. — Art. 613 : le commerçant failli ne peut se présenter à la Bourse. — *Adde :* Loi du 8 décembre 1883, art. 2, § 8. Les faillis non réhabilités ne peuvent pas participer à l'élection des juges consulaires.

(3) Demolombe, no 492.

(4) *Dictionnaire du Notariat*, Tutelle, no 172.

(5) La Cour de Cassation a même admis sous l'empire des lois militaires antérieures le droit pour un failli non réhabilité de faire partie de la garde nationale et de siéger dans un conseil de discipline. Ainsi il a pu être incorporé dans les rangs de l'armée en qualité d'officier, être déclaré capable de juger ses concitoyens et ne pourrait être témoin dans un acte public !

tionne pas expressément cette condition, son existence est incontestable et il convient de suppléer au silence du texte. Toutefois, une application rigoureuse et absolue de cette régle à tous les actes notariés serait manifestement contraire à la pensée du législateur. Nous devons distinguer entre les actes ordinaires visés par l'article 1 de la loi du 21 juin 1843 et les actes spéciaux limitativement énumérés par l'article 2. Nous savons, en effet, que le rôle des témoins instrumentaires varie en importance et en difficultés selon qu'il s'agit d'un acte appartenant à la première ou à la seconde catégorie. En ce qui concerne les premiers, ce rôle est de peu d'importance puisqu'il consiste purement et simplement en une apposition de signature, en ce qui concerne les seconds, il devient plus difficile puisque la loi a investi le témoin d'une mission de surveillance. Or, n'est-il pas équitable de s'inspirer de cette distinction dans l'appréciation des conditions requises de capacité ? d'admettre des degrés dans la sévérité de la loi ? de manifester une exigence plus ou moins grande selon la gravité et les difficultés des fonctions ?

Mais il est impossible de formuler sur ce point une règle catégorique et générale. En une matière où la question de fait joue un rôle prédominant, il appartient aux tribunaux de décider, en toute souveraineté, de la validité ou de la nullité d'un acte selon l'aptitude physique des témoins et d'après les circonstances de la cause.

89. Le témoin doit, de plus, entendre la langue des parties et celle dans laquelle l'acte est rédigé. Mais évidemment cette condition ne saurait être requise, comme élément indispensable de validité, qu'à l'égard des actes pour lesquels la présence réelle est exigée, c'est-à-dire les actes de l'article 2 de la loi du 21 juin 1843. Ainsi l'a décidé un arrêt de la cour de Douai du 1er juillet 1856 (1).

Cette prescription, qui nous vient de l'ancien droit (2), est entièrement conforme à la raison. Il est nécessaire, en effet, à peine de rendre complètement inutile et inexplicable le rôle du témoin, d'exiger de celui-ci la connaissance de la langue (3).

90. La seconde condition, imposée par l'article 9 de la loi de ventôse pour l'exercice des fonctions de témoin instrumentaire, est la capacité d'apposer sa signature à l'acte. Tout acte notarié doit être revêtu de la signature des témoins. C'est une formalité rigoureusement exigée dont la violation entraînerait la nullité de l'acte.

Il n'en a pas toujours été ainsi. Dans l'ancien droit, les ordonnances de 1560 et 1579, ne la prescrivaient pas, à moins qu'il ne s'agit d'actes passés dans les villes ou gros bourgs ou par une partie ne pouvant signer. Dans ces cas, l'article 166 de l'ordonnance de 1579 exigeait qu'au moins un témoin sût signer. Un arrêt de règlement du

(1) *Journal des Notaires*, art. 15, 893.

(2) Ricard, *Donations*, 1re partie, no 1602. — Furgole, *Testaments*, chapitre III, sect. I, no 6.

(3) Voir plus loin (pages 202 et suiv.) les développements relatifs à l'obligation pour les témoins testamentaires de connaître la langue du testateur.

4 septembre 1685 prescrivit, sans distinction, qu'il y eût au moins un témoin qui sût signer et qui signât actuellement à peine de nullité.

Le législateur de la loi de ventôse a maintenu l'obligation du contreseing des témoins, mais dans la plupart des cas cette formalité est dépourvue de toute signification. En effet, son utilité rationnelle étant de prouver que l'acte a été réellement rédigé par le notaire avec le concours de témoins, quelle peut être aujourd'hui sa valeur, puisque l'assistance effective n'est plus nécessaire à la validité de l'acte? Il suffit que les témoins signent après coup. Elle n'a donc plus sa raison d'être qu'à l'égard des actes spéciaux prévus par l'article 2 de la loi du 21 juin 1843.

91. Les témoins ne peuvent pas signer les actes avant la réception, c'est-à-dire avant la lecture faite par le notaire, la signature des parties ou la constatation de la déclaration qu'elles font de ne pouvoir signer (1).

92. L'article 9 de la loi de ventôse ajoute que le témoin instrumentaire doit être « domicilié dans l'arrondissement communal où l'acte sera passé ». Cette condition du domicile est aussi rigoureusement prescrite que la précédente et son infraction entraînerait certainement la nullité de l'acte. Un arrêt de la Cour de Grenoble du 21 décembre 1827 a annulé pour cette raison une donation même contenue dans un contrat de mariage (2).

(1) Caen 26 mai 1847. — Sirey, 1848, 2-236.
(2) *Journal des Notaires*, article 6597. — Sirey, 28, 2-163.

Il faut entendre le mot domicile dans le sens de l'article 102 du Code civil, c'est-à-dire dans le sens du lieu où l'on a son principal établissement. « Le principal établissement, dit Laurent, ce sont les liens de famille, d'intérêt, de fonctions qui attachent une personne à tel lieu plutôt qu'à tel autre. » Par conséquent, la qualité de domicilié dans un arrondissement communal n'est nullement subordonnée à un temps déterminé de résidence. Une autre conséquence c'est qu'un militaire ou un officier en garnison ne pouvant pas être considéré comme domicilié dans un arrondissement communal, quelle qu'ait été la durée de sa résidence, ne peut pas servir de témoin dans un acte notarié (1).

Que signifient les mots : arrondissement communal? L'arrondissement communal est l'équivalent de l'arrondissement administratif ou judiciaire. A l'époque de la promulgation de la loi de ventôse ce vocable était communément employé pour désigner la circonscription formant le ressort de la sous-préfecture ou du tribunal de 1re instance. C'est ainsi que l'article 8 de la loi du 28 pluviôse an VIII, porte que « dans chaque arrondissement communal il y aura un sous-préfet » et l'article 6 de la loi du 27 ventôse an VIII dispose « qu'il sera établi un tribunal de première instance par arrondissement communal ». Aucune hésitation n'est donc possible sur l'interprétation de ces mots. Toutefois il est permis de se demander pourquoi la loi

______

(1) Demolombe, tome I, no 354. — Aubry et Rau, tome I, § 141, p. 577, note 8. — Laurent, tome II, no 94.

du 9 décembre 1897, modificative de l'article 9 de la loi de
ventôse, a conservé une expression qui, dans le langage
administratif actuel, constitue un archaïsme et ne répond
pas à la vérité littérale. Il eut été plus juste et plus précis
de supprimer le mot *communal*. Cette inexactitude n'est-
elle pas une preuve d'insuffisance d'étude et de préparation de la loi de 1897?

93. Nous avons déterminé l'étude des différentes conditions prescrites par l'article 9 de la loi de ventôse. L'absence de ces conditions que nous avons appelées *positives*
constitue une incapacité absolue de remplir les fonctions
de témoin. Outre ces incapacités absolues la loi édicte des
incapacités relatives, résultant de certains liens de parenté,
d'alliance ou de dépendance. Nous les avons qualifiées de
conditions négatives précisément parce que leur absence
est un élément indispensable de validité de l'acte. Elles
sont formulées par l'article 10, § 2 de la loi de ventôse
dont nous allons donner immédiatement l'explication et le
commentaire.

94. Ce paragraphe dispose : « Les parents, alliés soit
du notaire, soit des parties contractantes, au degré prohibé
par l'article 8, leurs clercs et leurs serviteurs ne pourront
être témoins. » Et l'article 8, visé dans la disposition précédente, décide : « Les notaires ne pourront recevoir des
actes dans lesquels *leurs parents ou alliés en ligne directe
à tous les degrés et en ligne collatérale jusqu'au degré
d'oncle ou de neveu inclusivement*, seraient parties ou qui
contiendraient quelque disposition en leur faveur. »

Il importait, en effet, au législateur, s'il voulait conserver au témoignage le caractère d'impartialité, de probité, d'indépendance qui fonde son autorité, d'interdire formellement aux parents, alliés ou aux serviteurs des notaires et parties contractantes l'exercice des fonctions de témoin instrumentaire. Mais il fallait aussi, pour que sa volonté fût ponctuellement suivie et respectée, une sanction rigoureuse à cette disposition. Cette sanction, nous la trouvons formulée par l'article 68 de la loi de ventôse : l'acte fait en contravention aux dispositions de l'article 10 est frappé de nullité.

95. Toutefois, s'il est naturel qu'en principe la qualité de parent ou d'allié forme empêchement à l'exercice des fonctions de témoin, il ne convenait pas de se montrer sur ce point d'une sévérité excessive et d'étendre les prohibitions à tout membre de la famille, quel que fût le degré de parenté ou d'alliance. C'est pourquoi l'interdiction ne s'applique qu'aux parents et alliés en ligne directe à tous les degrés, et en ligne collatérale jusqu'au troisième dégré inclusivement. Donc les autres membres de la famille peuvent valablement jouer le rôle de témoin. Du reste, c'est ici le cas de rappeler les principes relatifs à la matière des incapacités, c'est-à-dire qu'il est de règle d'interpréter strictement les textes et de ne considérer comme incapables, au point de vue légal, que ceux qui ont été visés dans une disposition prohibitive expresse.

96. Par application de ces principes, nous déciderons que les témoins instrumentaires peuvent être parents entre eux, la loi ne s'y opposant pas : ainsi deux frères pourraient être témoins dans le même acte notarié (1). Cependant, nous devons signaler une exception résultant de la nouvelle loi de décembre 1897 : le mari et la femme ne peuvent pas remplir l'office de témoins dans le même acte. On a craint que par suite de la communauté de vie et de sentiments résultant du mariage, l'un des époux ne se laissât influencer par son conjoint et que les deux témoignages, en réalité, n'en fissent qu'un : ce qui est contraire au vœu de la loi. *A fortiori*, il faut admettre que le conjoint de l'une des parties, quoiqu'à proprement parler il ne soit pas un allié, ne peut être témoin dans l'acte. Mais il est certain que la prohibition ne s'étend pas aux alliés des alliés.

97. L'interdiction d'être témoin pour l'allié soit du notaire, soit des parties contractantes, subsiste-t-elle après le décès sans postérité du conjoint qui produisait l'alliance ? Toute la question est de savoir si l'alliance subsiste. Or, cette question, qui a été tant controversée, paraît maintenant définitivement résolue dans le sens de l'affirmative. La jurisprudence est à peu près constante sur ce point (2). Nous pensons qu'il convient de faire l'application de cette règle aux témoins instrumentaires et d'admettre que l'in-

---

(1) Dans ce sens : Demolombe, tome IV, nº 216. — Aubry et Rau, tome VIII, page 204. — Laurent, tome XIII, nº 280.

(2) Tribunal de Bayeux, 3 avril 1857, *Journal des Notaires*, art. 18907. — Dijon, 26 décembre 1888 et 30 janvier 1889, Sirey, 89, 2, 32.

capacité subsiste après le décès du conjoint qui a produit l'alliance (1).

98. Il résulte implicitement de l'article 10, § 2, que les parties elles-mêmes ne sauraient être témoins. Si la loi, en effet, a exclu formellement de ces fonctions les parents ou alliés trop rapprochés des parties, parce qu'elle redoutait un défaut de sincérité et d'indépendance dans le témoignage, à plus forte raison a-t-elle voulu en exclure ceux qui sont les principaux ou seuls intéressés.

C'est, du reste, l'application de l'antique adage : *nemo idoneus testis in re sua intelligitur*. Si elle avait décidé autrement, non seulement elle eût manqué à la logique mais encore elle eût offensé la morale en facilitant les conflits entre le devoir et l'intérêt. Cette solution n'a jamais été contestée. Elle est unanimement admise en doctrine et en jurisprudence (2). On peut encore trouver son fondement dans l'article 14, qui, exigeant d'abord la signature des parties, ensuite celle des témoins, enfin celle du notaire, prouve que les parties ne peuvent pas signer en deux qualités différentes.

99. C'est encore par application de la maxime précitée que l'exercice des fonctions de témoin instrumentaire est interdit à quiconque est intéressé à l'acte. De tels témoi-

---

(1) Dijon, 6 janvier 1827, *Journal des Notaires*, art. 6241. — Bourges, 10 août 1857, *Journal des Notaires*, art. 16193.

(2) Rutgeerts et Amiaud, op. cit, Tome 1, n° 317. — *Encyclopédie du notariat*. Témoin instrumentaire, n° 29. — *Dictionnaire du Notariat*. Témoin instrumentaire, n° 51.

gnages seraient évidemment suspects. Cependant il convient de distinguer entre les cas où l'acte contient une disposition en faveur du témoin et ceux où l'avantage acquis à celui-ci est seulement indirect. A l'égard des premiers, la sanction est rigoureuse et invariable : c'est la nullité. De même que le notaire ne pourrait signer en second les actes où il intervient comme partie (art. 8) de même les témoins, qui remplacent le notaire second, ne peuvent contresigner l'acte auquel ils figurent presque au titre de parties contractantes. A l'égard des seconds, la sanction ne s'impose pas comme une conséquence nécessaire et forcée de l'avantage recueilli par le témoin. C'est aux tribunaux qu'il appartient, en vertu de leur pouvoir discrétionnaire, de décider, en appréciant les circonstances et les éléments de la cause, si la nullité doit être prononcée. C'est ainsi que la Cour de cassation dans un arrêt du 8 mai 1843 (1) a considéré comme valable un acte de vente contenant indication de paiement au profit de l'un des témoins. « Attendu, dit-elle, que le texte de la loi du 25 ventôse an XI ne prononce pas l'incapacité des témoins instrumentaires par cela seul que certaines conventions des parties sont de nature à leur profiter. Attendu, au surplus, que le rôle du témoin dans la vente est tellement passif que tout autre eût pu le remplir sans rien changer au caractère de la clause litigieuse. »

Ainsi la Cour base sa décision sur ce motif que le rôle

____

(1) Sirey, 43. 1, 489.

joué par le témoin est purement passif, que celui-ci ne peut être envisagé comme ayant été partie à l'acte ; dès lors, conclut-elle, il n'y a pas violation des articles 8 et 9 de la loi de ventôse. Cette conclusion, étant donné le point de départ admis par la Cour, nous paraît pleinement conforme à la loi.

On peut encore citer un arrêt de la même Cour du 27 août 1833 (1) jugeant qu'il n'y avait pas lieu d'annuler un acte d'obligation dans lequel l'un des témoins instrumentaires avait déclaré accepter pour le créancier, alors même qu'il avait déclaré avoir charge et pouvoir. La Cour suprême n'a voulu voir dans l'acte argué de nullité qu'un contrat unilatéral et dans l'énonciation de la déclaration du témoin qu'une clause de style inutile et surabondante. Dès lors, aux yeux de la Cour, le témoin n'avait pu être partie à l'acte.

100. Il ne faudrait pas considérer les habitants d'une commune comme incapables de remplir les fonctions de témoin instrumentaire dans un acte passé entre le maire de la commune et un autre individu, à moins qu'ils n'aient un intérêt direct et personnel dans l'affaire. Car s'il est vrai que la commune, dans la réalité des choses, se compose de l'ensemble des individus habitant sur un territoire déterminé et qu'à ce titre tout habitant apparaisse comme un élément, une partie, un fragment de la commune, il est non moins vrai qu'au point de vue légal et adminis-

(1) Sirey — 33, 1, 673.

tratif, le seul qui nous occupe, elle constitue une personne morale ayant ses droits et ses obligations propres et possédant un patrimoine complètement distinct et indépendant du patrimoine des particuliers. Dès lors, puisque le témoin n'est pas directement et personnellement gratifié où verrait-on le fondement de son exclusion (1)? N'est-ce pas le cas de rappeler l'axiome du droit romain : « *quod universitati debetur singulis non debetur ?* »

101. Par la même raison, un membre du conseil de fabrique pourrait remplir les fonctions de témoin à un acte où cette fabrique est partie ou intéressée, pourvu que celle-ci ait un représentant spécial qui stipule en son nom. Ainsi l'a décidé un arrêt de la Cour de cassation de Belgique du 13 mars 1863 (2).

102. Quelle que soit la généralité des termes de l'article 10 on s'est demandé si le législateur n'avait pas eu la pensée de soustraire les contrats de mariage à son application, c'est-à-dire de permettre aux parents les plus proches des époux d'assister comme témoins aux conventions nuptiales. Ces hésitations proviennent de ce que, sous l'ancien droit, cette pratique était courante. Un arrêt

____

(1) On peut tirer argument par voie d'analogie de plusieurs arrêts reconnaissant aux habitants d'une commune le droit de témoigner dans un procès intéressant cette commune s'ils n'ont pas un intérêt personnel et direct à la contestation

Rouen, 19 janvier 1842, D. 45, 4, 499. — Douai, 18 décembre 1846, D. 47, 4, 463. — Orléans, 1er juillet 1886, D. 88, 2, 128.

(2) *Moniteur du Notariat belge*, 1863, p. 209. — Dans le même sens conf. Cass., *Requêtes*, 23 janvier 1877, D. 78, 1, 70.

rendu par la Cour de Riom le 12 février 1818 avait essayé
de renouer la tradition (1). Il se base sur la situation spéciale faite par le Code civil au contrat de mariage, sur
cette considération que l'article 1394, postérieur à la loi
de ventôse, a eu pour effet de modifier la forme détermi-
née par l'article 9 de cette loi, il se fonde enfin sur la
disposition de l'article 75 du Code civil qui porte que les
parents pourront être présents à l'acte civil. Mais cet arrêt
n'a pas fixé la jurisprudence. Au mois de novembre de la
même année la même Cour décidait qu'il est indubitable
que les contrats de mariage sont assujettis aux formalités
prescrites par la loi de ventôse, que statuer autrement
serait contredire directement la maxime : « *posteriores
leges ad priores referuntur nisi sunt contrariæ* » (2).
D'ailleurs la même solution avait été consacrée auparavant
par un arrêt de la Cour de Colmar du 16 mars 1813 (3).
Depuis cette époque d'autres arrêts confirmatifs ont été
rendus : ils établissent ainsi une jurisprudence qu'il y a
lieu de croire définitive (4).

103. Nous avons montré précédemment (5), le caractère et la portée de l'article 1394 qui sert de point
d'appui à la doctrine soutenue par l'arrêt de Riom du

---

(1) Dalloz, *Répertoire*, Obligations, nº 3312, note 1.
(2) Sirey — 20, 2, 1.
(3) Dalloz, *Répertoire*. Obligations, nº 3313, note 2.
(4) Notamment : Grenoble, 21 décembre 1827, 1, 28, 2, 163. —
Toulouse, 5 août 1864. — *Revue du Notariat*, nº 1222.
(5) Voir nº 45.

12 février 1818. Le législateur n'avait nullement l'intention, en édictant cet article, d'assujettir à des règles spéciales de forme le contrat de mariage, il voulait seulement qu'un contrat de cette importance ne pût être rédigé par acte sous seings privés. En conséquence, rien dans la loi n'autorisant à croire que le contrat de mariage se différencie sur ce point des autres actes authentiques, nous devons en conclure qu'il reste soumis non seulement aux prescriptions de l'article 9 de la loi de ventôse mais encore aux dispositions impérieuses et générales de l'article X.

104. Les parents et alliés des parties contractantes ou du notaire ne sont pas, comme nous l'avons vu, les seules personnes auxquelles la loi interdit l'exercice des fonctions de témoin instrumentaire : les clercs de notaire et les serviteurs sont également frappés d'exclusion. La raison de décider est, du reste, identique : on a craint que les liens de dépendance ou de subordination existant entre ces différentes personnes ne fussent capables de vicier le témoignage au même titre que les liens de parenté ou d'alliance.

105. La disposition de l'article 10 est formelle. Mais les expressions de clercs et de serviteurs, qu'elle contient, ne sont pas suffisamment explicites par elles-mêmes. Si donc l'on veut connaître avec certitude les différentes personnes auxquelles peut s'appliquer l'interdiction légale il importe de rechercher minutieusement les éléments constitutifs et justificatifs de cette qualification.

106. Il est certainement regrettable que la loi n'ait pas donné la définition du mot *clerc* mais nous pouvons aisément suppléer à cette omission par les enseignements de la doctrine ou les décisions de la jurisprudence.

Ce qui paraît constituer la qualité de clerc c'est le travail habituel et régulier dans l'étude d'un notaire. « On peut dire, enseignent MM. Rutgeerts et Amiaud (1), qu'un clerc est celui qui s'occupe habituellement dans l'étude d'un notaire soit à rédiger, soit à expédier les actes reçus par son patron. » Il n'y a pas lieu de se préoccuper, pour l'attribution de cette qualité, du point de savoir si l'individu qui travaille habituellement dans une étude est un aspirant au notariat. C'est là une considération tout-à-fait étrangère à la recherche des caractères propres et distinctifs de la fonction, c'est un élément accidentel et accessoire qui ne saurait modifier la nature de celle-ci. Rolland de Villargues l'a très bien fait remarquer (2).

(1) Op. cit., tome II, no 381.

(2) *Répertoire du Notariat*, Clerc, no 7. — Selon MM. Rutgeerts et Amiaud (op. et loc. cit.), la loi du 29 septembre 1791 (titre 4, art. 4) faisait une distinction entre le travail habituel dans l'étude d'un notaire et le travail en qualité de clerc. Le titre de clerc n'était conféré qu'après quatre années de travail.

Nous ne partageons pas cette opinion, car il nous est impossible de voir dans la disposition de l'art. 4 du titre 4 de cette loi, qui sert de fondement à l'allégation des auteurs précités, la trace d'une distinction que le législateur de l'époque révolutionnaire aurait établie. En effet, cet article, qui détermine les conditions d'admission au concours public pour les fonctions de notaire, requiert des aspirants au notariat un stage de huit années sans interruption « savoir, pendant les

107. Il résulte de ce qui précède que trois conditions sont requises pour avoir droit au titre de clerc. D'abord il faut un travail habituel. En conséquence, ne doit pas être considéré comme clerc celui qui fait, par intervalles, quelques expéditions chez un notaire et dont l'occupation principale est de se livrer au dehors à des opérations de commerce ; (Dalloz, Rep., Obligations n° 3319, note 1. Cass. Req., 10 avril 1855, Sirey — 55, 1, 512) ; celui qui prête accidentellement son concours à un notaire pour la rédaction des actes et la surveillance du travail de l'étude, et qui exerce d'ailleurs une profession différente pour laquelle il est imposé (Colmar, 4 novembre 1857, Dalloz,

quatre premières, soit dans les études des ci-devant procureurs ou avoués, soit dans les études des notaires, en quelque lieu que ce soit du royaume, mais nécessairement pendant les quatre dernières années, en qualité de clerc de notaire, dans l'étendue du département où le concours aura lieu ». Qu'exprime donc cet article ? Il exprime que, pour concourir, il n'est pas nécessaire d'avoir travaillé pendant huit années dans une étude de notaire située dans le département du concours, qu'un stage de quatre années fait dans de telles conditions suffit, que pendant les quatre premières années on peut *ad libitum* travailler dans une étude de ci-devant procureur ou avoué ou encore dans une étude de notaire, située en quelque lieu que ce soit du royaume, mais il n'exprime pas autre chose. En d'autres termes, il ressort de cet article qu'un aspirant au notariat pouvait valablement, au point de vue du stage, travailler pendant quatre années soit dans une étude d'avoué, soit dans une étude quelconque de notaire, mais il n'en résulte nullement qu'on n'attribuait pas la qualité de clerc à celui qui pendant ces quatre années travaillait d'une façon régulière et continue chez un notaire. C'est, semble-t-il, interpréter quelque peu subtilement et arbitrairement le texte que de lui attribuer une telle signification.

L. 10

59, 2, 129). Au contraire, celui qui travaille habituellement dans l'étude, encore que ce travail ne soit pas rétri-
bué, qu'il ne soit pas continu, que le clerc ne demeure
pas chez son patron et qu'il ne soit pas inscrit au stage,
mérite réellement la qualité de clerc (Cass. Civ., 25 janvier 1858, D. 58, 1, 63).

108. La seconde condition requise est le travail dans
l'étude du notaire. Il est évident qu'on ne saurait attribuer
cette qualification à celui qui, constamment en dehors de
l'étude, rédigerait des actes pour le notaire. Le clerc est
en quelque sorte le secrétaire du notaire, il a pour mission
non seulement de préparer les actes mais encore de recevoir les clients, d'entendre leurs explications, de répondre
à leurs interrogations, de leur donner les renseignements
qu'ils désirent. Or l'accomplissement de cette tâche implique nécessairement la présence du clerc à l'étude. Du
reste, la jurisprudence est constante sur ce point.

109. Enfin il faut, comme troisième et dernière condition, s'occuper de travaux relatifs au notariat, c'est-à-dire
la rédaction ou l'expédition des actes. On trouve dans ce
sens l'arrêt précité de la Cour de Bruxelles qui refuse la
qualité de clerc à un individu qui travaillait habituellement dans l'étude d'un notaire mais « dont le travail ordinaire était la confection des rôles de contributions, de
procès-verbaux de domaines nationaux, et d'autres opérations qui lui venaient de l'extérieur sauf quelques actes
qui lui étaient confiés pour sa satisfaction ».

Tels sont les divers caractères auxquels on peut recon-

naître la profession de clerc. Au surplus, l'attribution de
cette qualité est une question de fait dont l'appréciation
appartient souverainement aux tribunaux, et qui échappe
ainsi au contrôle de la Cour de cassation (1).

110. Il nous reste maintenant à déterminer la catégorie de personnes que le législateur de l'article 10 de la loi
de ventôse a voulu désigner sous le nom de serviteurs. On
entend généralement par serviteur celui qui est au service
et aux gages d'une personne. C'est là, on en conviendra,
une très large définition qui peut comprendre, dans sa généralité, un grand nombre d'individus. Aussi est-il permis
de supposer que le législateur, en employant ce mot, ne
voulait pas lui donner une acception aussi générale et qu'il
visait seulement, suivant les termes de la constitution de
l'an VIII, article 5, § 2, les individus « qui sont attachés
au service de la personne ou du ménage ».

111. La jurisprudence, fidèle aux principes d'interprétation restrictive, lui a attribué également une portée limitée et le considère comme désignant tous ceux qui logent
dans la maison, y prennent leur nourriture, et sont attachés, soit à la personne, soit aux biens d'une façon continue. Un arrêt de la Cour de Bordeaux du 22 février 1845
a décidé que peuvent être témoins ceux qui ne font que
travailler à la journée chez les notaires ou les parties,
quelque fréquemment que ce soit, s'ils ne travaillent pas

(1) Cassation, 10 avril 1855. — Sirey, 55, 1, 512 ; 25 janvier 1858. —
Dalloz, 58, 1, 63. — Aubry et Rau, Tome VII, § 670, page 119, note 19.
— Demolombe, Tome XXI, n° 209.

exclusivement pour eux et s'ils ont un domicile, un ménage personnel (1). Un arrêt de la Cour de Douai, du 10 août 1854, a considéré comme n'étant pas des serviteurs, au sens où l'entend l'article 10 de la loi de ventôse, les commis salariés d'une maison de commerce qui ne logent ni ne mangent avec le patron et n'ont avec lui d'autres rapports que ceux résultant de leurs fonctions (2).

Des auteurs ont admis que les individus attachés à la famille en qualité de bibliothécaires, percepteurs, secrétaires ou intendants, quoiqu'ils logent avec le maître de la maison, soient nourris par lui et en reçoivent des gages, sont plutôt des employés que des serviteurs (3).

112. De tout cela que faut-il conclure ? sinon que le trait caractéristique et propre de la fonction de serviteur est d'être logé et nourri dans la maison du maître, de recevoir des gages et d'être appliqué à des travaux purement matériels. Au reste, nous dirons des serviteurs ce que nous avons dit précédemment des clercs de notaire : puisque la loi s'est dispensé de définir la fonction, c'est aux tribunaux qu'il appartient de décider, en toute souveraineté d'appréciation, s'il convient d'attribuer au témoin, dont on conteste la capacité, la qualité de serviteur.

113. Nous savons que l'article 10 de la loi de ventôse exclut formellement des fonctions de témoin les parents

(1) *Journal des Notaires*, art. 12370.
(2) Dalloz, 55, 3, 172.
(3) Henrion de Pansey, *Compétence des juges de paix*, Chap. 30. — Curasson, *Compétence des juges de paix*, Tome 1, page 242.

et alliés des notaires et des parties contractantes ainsi que « leurs clercs et leurs serviteurs ». Il résulte nettement des termes de cet article d'abord que la qualité de serviteur des notaires ou des parties contractantes constitue un obstacle à l'exercice des fonctions de témoin instrumentaire, ensuite que la qualité de clerc entraine la même incapacité à l'égard des actes reçus par le notaire, mais pouvons-nous en déduire que, dans le cas où l'une des parties contractantes est un notaire en exercice, il soit impossible à son clerc propre de remplir le rôle de témoin ? En d'autres termes, le membre de phrase : *leurs clercs et leurs serviteurs* doit-il être scindé de manière à n'appliquer les mots « leurs clercs » qu'au notaire instrumentant au lieu de les appliquer à la fois à celui-ci et aux parties contractantes, comme il convient de faire pour les mots « serviteurs » ?

La question prête à la controverse et il faut reconnaître que la disposition légale manque de précision. Cependant nous n'hésitons pas à soutenir que le clerc du notaire partie contractante ne peut être témoin ; et cela pour deux raisons : une raison de forme : une raison de fond. D'abord, en considérant le texte, on remarque une certaine symétrie de construction et la répétition du même pronom démonstratif devant les expressions dont nous nous occupons, or n'est-il pas présumable que ce pronom doive avoir la même signification et la même portée dans les deux cas, et, puisque dans le second il vise avec certitude les notaires et parties contractantes, pourquoi dans le premier n'aurait-il pas le même objectif, la même relation ? Ensuite, il importe de ne pas oublier le mobile auquel a obéi le législateur en édictant cette prohibition, il voulait exclure des fonctions de témoin tous ceux dont on peut avec quelque raison suspecter l'indépendance et l'impartialité, tous ceux qui sont unis entre eux par des liens d'affection ou de subordination, or n'est-il pas manifeste que le clerc du notaire partie contractante se trouve dans les conditions qui rentrent dans les prévisions des auteurs de la loi ? Dès lors son exclusion ne se justifie-t-elle pas ?

114. Le législateur de la loi de ventôse, voulant montrer l'importance qu'il attachait à l'observation fidèle des dispositions relatives à la capacité des témoins instrumentaires, a, dans l'article 68 formulé expressément une sanction rigoureuse mais logique à la violation de ces dispositions. Tout acte notarié, rédigé en présence de témoins qui ne réunissent pas les conditions de capacités requises, est, aux termes de cet article, frappé de nullité. Les notaires ne sauraient donc apporter trop de soins et de vigilance à la vérification de l'idonéité des témoins qu'ils emploient. Cependant il ne faut pas s'exagérer la rigueur de la disposition légale et considérer son application comme exclusive de tout tempérament. Une telle sévérité serait excessive. C'est dans cet esprit que nous n'hésitons pas à reconnaître qu'en l'absence d'une des conditions requises des témoins, l'acte notarié ne serait pas nécessairement nul, pourvu que l'on puisse admettre la capacité putative, c'est-à-dire que l'on se trouve dans les cas d'application de la célèbre maxime : *Error communis facit jus* (1).

115. Ce principe est un legs du droit romain. Recueilli par l'ancien droit, il passa de là dans notre droit moderne, ainsi qu'il est établi par un avis du Conseil d'État du 2 juillet 1807, dûment approuvé et inséré au *Bulletin des Lois.* Les auteurs ne sont pas d'accord sur le texte qui lui a donné naissance. Les uns le tirent d'un texte d'Ulpien (D. L. 1. *De officio prœtorum*, T. 14, L. 3), connu sous le nom de loi Barbarius Philippus, parce qu'il y est question d'un esclave fugitif, nommé Barbarius, qui s'était fait passer pour homme libre et avait ainsi obtenu la préture. Or, dit cette loi tous les actes qu'il avait accomplis dans l'exercice de ses fonctions furent maintenus pour cause d'utilité et d'intérêt général. D'autres auteurs le puisent dans un texte des Institutes de Justinien (L. 2, T. 10, § 7). La question ne présentant qu'un intérêt purement historique, il n'est pas nécessaire de nous y arrêter, cependant nous ajouterons que nous préférons nous ranger à la seconde opinion.

116. Le principe que l'erreur commune équivaut à droit n'ayant pas été formulé expressément dans notre lé-

---

(1) Cette maxime, appliquée à la matière, signifie que la capacité putative chez les témoins équivaut à la capacité réelle, c'est-à-dire, comme dit Demolombe, « que lors même qu'un témoin est incapable il doit être considéré comme ayant été capable si, d'après l'opinion commune, il est considéré en effet comme tel ». — Tome XXI, n° 220.

gislation, il en résulte une certaine obscurité, une certaine divergence de vues sur les conditions de son application. Merlin a consacré, dans son *Répertoire* (1), de longs développements à l'étude de cette importante règle, il a tâché d'en préciser nettement le sens et la portée. Selon lui, la capacité putative d'un témoin ne résulte pas seulement de la croyance générale et commune en sa capacité, elle doit aussi et surtout avoir pour base un ensemble d'actes qui forment comme une « possession publique et paisible de l'état qu'elle suppose ». Cette doctrine a été suivie par la jurisprudence dans de nombreux arrêts. Aux termes d'un arrêt de la Cour de cassation du 24 juillet 1839, « la capacité putative d'un témoin incapable ne s'établit point par la seule preuve que l'opinion de sa capacité est généralement répandue : elle ne peut résulter que d'une série d'actes qui forment pour lui une possession publique de l'état qu'elle suppose » (2). L'arrêt déjà cité de la Cour de

(1) Tome XXXIII, page 65.

(2) Sirey, 39, 1, 653. Un autre arrêt de la même Cour du 4 février 1850 décide que « la capacité putative d'un témoin instrumentaire ne peut suppléer à sa capacité réelle qu'autant que cette capacité putative résulte d'une erreur invincible, rendant impossible la découverte de la vérité, et que par suite est nul le testament authentique dont l'un des témoins est allié, au degré prohibé, de l'un des légataires, alors même qu'il est énoncé par le testament que les témoins, sur l'interpellation du notaire, ont déclaré n'être ni parents ni alliés des légataires, si d'ailleurs il est reconnu en fait que l'affinité du légataire et du témoin était de notoriété publique dans la commune qu'ils habitaient, et qu'il était possible de la constater (S. 50, 1, 180).

Dans le même sens : Douai, 26 mars 1873, D. 74, 2, 91, S. 73, 2, 258.

Douai du 13 août 1884, confirmatif d'un jugement du tribunal de Montreuil-sur-Mer du 26 mars 1884, a refusé de prononcer la nullité d'une donation pour incapacité de l'un des témoins qui avait été condamné trente ans auparavant à une peine d'emprisonnement pour vol, parce que « X... a été inscrit sur la liste électorale, qu'il faisait partie des sapeurs-pompiers de la commune et était attaché à ce service avec le titre honorable de caporal, qu'en un mot il était considéré par tout le monde comme jouissant de tous ses droits civils et politiques » (1).

La doctrine de Merlin, adoptée par la jurisprudence, est une interprétation sage de la maxime du droit romain. Elle empêche l'application trop facile et trop étendue d'une règle qui, nous ne devons pas l'oublier, est un tempérament apporté par l'équité à la rigueur de certaines dispositions légales et qui, par conséquent, ne doit être admise qu'avec circonspection. En ne restreignant pas dans d'étroites limites l'application de la maxime, on lui eût laissé un champ d'action beaucoup trop vaste, résultat contraire évidemment à sa nature, à son essence. Étant, en effet, l'expression de la bonne foi, reposant sur la considération qui lui est due, cette règle n'est invocable que lorsque la bonne foi est absolue, l'erreur excusable. Or, celle-ci n'est telle que si elle résulte d'un certain nombre de faits suffisamment probants par eux-mêmes, dont l'ensemble

(1) *Revue du Notariat*, n° 6975. — On peut encore citer : Paris, 24 avril 1882 (*Revue du Notariat*, n° 6509), Cass., 12 décembre 1882 (*Revue du Notariat*, n° 6692).

fonde en quelque sorte la prescription de l'incapacité.

117. Toutefois ces restrictions ne paraissent pas avoir été admises par le droit romain. Si l'on en juge par les différents textes que nous avons cités, il appliquait la règle d'une manière plus large : il se contentait purement et simplement d'exiger l'erreur commune, la croyance unanime, comme seule condition. Il suffisait donc que l'individu, qui avait assisté comme témoin à un testament, n'eût jamais subi de contestation sur son état : *nec quisquam esset qui status ei quæstionem morisset.*

118. De nos jours certains auteurs ont cru devoir se rallier à cette interprétation (1). Ils basent leur argumentation sur l'autorité du droit romain en une matière toute traditionnelle et aussi sur le caractère arbitraire, selon eux, de la solution adverse. » En effet, disent-ils, si un étranger ou un mineur qui passaient généralement dans la société comme français ou comme majeur, assiste pour la première ou pour la seconde fois à la confection d'un testament, on devrait l'annuler, parce qu'il n'y a pas encore une série d'actes auxquels il a assisté comme témoin, tandis qu'on le maintiendrait si c'était déjà la quatrième ou la cinquième fois qu'il assistât comme témoin ».

Mais il faut remarquer que si le droit romain paraît avoir eu une conception plus large des conditions d'application de cette règle, au contraire, les décisions judiciaires de l'ancien droit, dont les indications sont plus précieuses

(1) Notamment Rutgeerts et Amiaud. Op. cit. tome I. n° 331.

encore, portent l'empreinte des principes actuels d'interprétation. En outre, si la théorie de ces auteurs devait
prévaloir, le notaire serait en réalité dispensé de tout contrôle, de toute vérification de la capacité des témoins qu'il
emploie, puisqu'il lui suffirait de se retrancher derrière la
croyance unanime, la commune renommée. Or ce résultat
ne serait-il pas contraire à la volonté du législateur ? Toutefois on ne saurait trop souhaiter que la jurisprudence se
montre libérale dans l'interprétation de cette maxime et
qu'elle ne subordonne pas son application à un concours
de circonstances tout à fait rares ou impossibles : ce serait
tomber dans l'excès opposé de la sévérité, ce serait mecon-
naître l'autorité de la bonne foi.

119. Il s'agit maintenant de délimiter exactement la
portée de la règle. Or ce point ne soulève aucune controverse : la doctrine et la jurisprudence sont d'accord pour
reconnaître qu'elle vise non pas l'erreur de droit mais
l'erreur de fait. La première, on le sait, consiste dans
l'ignorance des dispositions légales, elle n'est jamais excusable : c'est ce qui découle formellement de l'adage fondamental de notre droit : *nul n'est censé ignorer la loi.* La
seconde consiste dans l'ignorance d'un fait, c'est une erreur purement matérielle. Or, lorsque celle-ci présente des
caractères tels que les plus avisés et les plus vigilants
eussent pu en être victimes, n'est-il pas équitable d'en
empêcher les conséquences fâcheuses en la considérant
comme n'ayant pas été commise.

Tel est bien l'objet de notre règle. En vérité, elle aboulit à l'absolution de l'erreur, elle purge un acte du vice qui l'entachait, mais ce résultat, nous le répétons, trouve sa justification dans la nature des faits, dans l'absolue bonne foi de leur auteur, et dans des considérations d'intérêt général.

120. C'est précisément parce que la bonne foi est une condition indispensable de l'application de cette règle que généralement on déclare celle-ci inapplicable aux incapacités résultant de l'âge, du sexe, de la parenté ou de l'alliance. Il est peu vraisemblable, en effet, que l'une quelconque de ces incapacités, d'une connaissance si facile en raison de leur évidence ou de leur notoriété, soit communément ignorée. En supposant même qu'elle puisse l'être et en considérant la bonne foi comme entière et indiscutable, il y aura la plupart du temps dans de telles erreurs une grande part d'indifférence, un défaut inexcusable d'attention et par conséquent impossibilité d'application de la règle. C'est d'ailleurs l'opinion unanime de la doctrine et de la jurisprudence (1).

121. Toutefois il serait exagéré de prétendre que dans aucun cas ces sortes d'incapacités ne sauraient être couvertes par la maxime *error communis facit jus*. Un concours de circonstances extraordinaires peut en motiver et en justifier l'application. On trouve quelques décisions judiciaires en ce sens (2).

(1) Merlin, *Répertoire*, Tome XVII, page 618. — Aubry et Rau, Tome VII, § 670, page 121, note 28. — Demolombe, Tome XXI, nº 220.
(2) Aix, 30 juillet 1838. S. 39, 2, 85 ; Cassation, 31 juillet 1834. S.

Au surplus la question de savoir si l'erreur était commune et excusable est une question de fait dont l'appréciation appartient exclusivement aux juges du fond qui la tranchent souverainement (1).

122. De toutes ces décisions judiciaires nous tirerons cet enseignement que la jurisprudence ne veut appliquer la maxime *error communis facit jus,* qu'avec circonspection. On ne peut que l'approuver. Tout en reconnaissant que cette règle est utile, même indispensable, qu'elle est l'expression de l'équité, « qu'elle est écrite, dit Demolombe (loc. cit.), dans la raison, dans la nécessité sociale » les juges ne doivent pas oublier qu'elle est un tempérament apporté à la rigueur de certaines prescriptions légales, qu'elle présente ainsi le caractère d'une exception et qu'à ce titre elle doit être l'objet d'une interprétation restrictive. Il est regrettable qu'elle n'ait pas été formulée expressément dans la loi, beaucoup de controverses eussent été de ce chef évitées. Exprimons l'espoir que cette lacune soit prochainement comblée et qu'ainsi une réglementation minutieuse fixe définitivement les conditions d'application d'une aussi importante règle.

34, 1, 452. — C'est aussi l'opinion de Troplong, *Donations et testaments,* Tome III, n° 1688.

(1) Cassation, 28 février 1821 (S. 22, 1, 1) ; 18 janvier 1830 (S. 30, 1, 43) ; 28 juin 1831 (S. 31, 1, 294) ; 12 décembre 1882 (*Revue du Notariat,* n° 6692. — Conf. Turin, 17 février 1806 (S. 6, 2, 857).

123. Le rôle des témoins instrumentaires nous est déjà connu. Ceux-ci sont les auxiliaires du notaire dans l'authentication des actes, ils lui servent en quelque sorte d'instrument pour remplir l'objet propre de sa fonction qui est de conférer l'authenticité. Nous avons minutieusement étudié au chapitre II de la première partie le rôle des témoins instrumentaires d'après la loi de ventôse et la loi du 21 juin 1843, nous n'avons pas à revenir sur le commentaire de ces dispositions légales, nous voulons seulement consacrer quelques développements à la recherche des obligations incombant aux témoins ainsi qu'à l'examen de la force probante du témoignage en cas de contestation judiciaire sur la sincérité de l'acte ou de contradiction avec les déclarations du notaire.

124. S'il est certain qu'à l'origine de la règle qui imposait au notaire rédacteur le concours d'un collègue ou l'assistance de deux témoins, ceux-ci exerçaient une fonction de surveillance, de contrôle, il est non moins certain qu'aujourd'hui ils sont déchargés de toute mission de ce genre. Comment pourrait-il en être autrement, puisque leur présence n'est pas requise au moment de la confection des actes, exception faite pour quelques-uns limitativement énumérés par la loi? Dans de telles conditions il parait difficile, sinon impossible d'attribuer une signification quelconque au maintien de cette règle. Elle ressemble, comme dit M. Wahl (1) à ces formalités du droit quiri-

(1) Voir note dans Sirey sous arrêt Orléans (96. 2, 1).

taire romain qui ne répondaient plus à aucune utilité et qui cependant avaient été maintenues par respect des anciennes institutions.

125. En ce qui concerne les actes visés par l'article 2 de la loi du 21 juin 1843, nous avons vu que les fonctions de témoin instrumentaire ont encore leur raison d'être. En effet, le législateur ayant voulu entourer d'une protection particulière ces actes plus importants ou plus accessibles à la fraude, a prescrit à peine de nullité l'assistance des témoins à la lecture et à la signature. Cependant il ne faudrait pas se méprendre sur la portée de cette disposition légale et l'interpréter dans le sens de l'attribution aux témoins d'une mission de vérification de la régularité intérieure ou extérieure de l'acte, cette pensée n'est jamais entrée et ne pouvait pas entrer dans les prévisions du législateur (1). Ce que celui-ci voulait, c'était seulement combattre, par un moyen préventif, les suggestions de l'intérêt ou de la mauvaise foi, et il a trouvé que ce but pouvait être avantageusement atteint par l'assistance réelle des témoins à la lecture et à la signature de l'acte. Telle est donc la véritable signification de l'exception formulée par l'article 2 de la loi du 21 juin 1843 : les fonctions de témoin instrumentaire nous apparaissent ainsi comme ne présentant que des qualités purement négatives.

____

(1) Cette solution est pleinement conforme à la raison qui ne concevrait pas que des personnes, ignorant pour la plupart les premiers

126. On sait que l'acte notarié, comme tout acte authentique, fait pleine foi de la vérité de ses énonciations jusqu'à inscription de faux, c'est-à-dire jusqu'à ce que la fausseté de ses énonciations soit reconnue au cours d'une procédure particulièrement compliquée et difficile qu'on nomme l'inscription de faux. Il convenait, en effet, de protéger contre les attaques injustifiées de plaideurs peu scrupuleux certains actes auxquels une considération plus grande est attachée. La protection particulière, dont le législateur a cru devoir entourer les actes authentiques, a nécessairement pour conséquence d'obliger les tribunaux à se montrer plus sévères et plus exigeants au point de vue de l'admission et de la preuve des moyens de faux, à s'assurer, par un contrôle particulièrement minutieux, de la vérité des faits allégués, de la sincérité et de l'autorité des témoignages produits. Ce principe étant posé, nous devons nous demander si les témoins instrumentaires d'un acte suspect d'altération peuvent être appelés à déposer dans le procès en inscription de faux et, au cas d'affirmative, apprécier le degré de considération que méritent de pareils témoignages.

Il est évident que la question ne se pose qu'à l'égard des témoins instrumentaires qui ont assisté à tout ou partie de la réception de l'acte, et non à l'égard de ceux qui, conformément à l'article 1 de la loi de 1843, se sont con-

éléments de la science du droit puissent être appelées à contrôler la légalité ou la régularité d'un acte.

tentés d'apposer leur signature après la passation. Comment, en effet, ces derniers pourraient-ils témoigner de faits qui se sont accomplis en leur absence et qui, légalement, leur sont totalement inconnus ?

127. Il est généralement admis aujourd'hui que les témoins instrumentaires d'un acte argué de faux peuvent valablement déposer dans l'enquête ouverte, conformément à l'article 232 du Code de procédure civile, pour aboutir à la vérification des moyens de faux. Il n'en a pas toujours été ainsi. Dans l'ancien droit principalement cette solution était controversée. Plusieurs arrêts du Parlement de Paris ont consacré l'opinion contraire pour ce motif que les témoins ne peuvent aller à l'encontre de leur propre signature, ne peuvent contester ce qu'ils ont attesté en contresignant. Mais cette doctrine fut repoussée par des auteurs et jurisconsultes considérables tels que Cujas et d'Aguesseau. « Qu'on n'abuse pas de la maxime commune qui ne reçoit pas les déclarations des officiers publics lorsqu'elles sont contraires à leurs actes, disait ce dernier, cette maxime est véritable, pourvu qu'on la renferme dans ses bornes légitimes. Ces déclarations ne forment jamais seules et par elles-mêmes une preuve complète, mais elles forment souvent des conjectures puissantes, des commencements de preuve que l'on ne peut absolument rejeter. » Cette doctrine du chancelier à l'égard des notaires instrumentaires eût été applicable à l'égard des témoins à l'acte.

128. Dans notre droit actuel, la question paraît définitivement tranchée dans le sens de l'affirmative. Il faut reconnaître, du reste, une grande autorité aux raisons que l'on allègue à l'appui de cette solution. Pour exclure *ipso jure*, dans un procès en inscription de faux, le témoignage des témoins instrumentaires il faudrait, étant donné les principes de notre droit, un texte de loi, or ce texte n'existe pas.

L'article 283 du Code de procédure civile énumère les causes de reproche des témoins : la qualité de témoin instrumentaire ne figure pas dans cette énumération, par conséquent elle ne constitue pas une cause de reproche. Même en admettant, conformément à plusieurs arrêts de la Cour de cassation, que cette énumération n'est pas limitative mais seulement énonciative, il reste toujours vrai de dire qu'une exclusion *ipso jure* est impossible. Mais les tribunaux peuvent, en vertu de leur pouvoir souverain d'appréciation, n'accorder qu'une considération toute relative aux dépositions de ces témoins.

129. La plupart des auteurs et la jurisprudence se sont rangés à cette argumentation. Merlin enseigne : « la jurisprudence contraire qui, même sous l'ancien régime, éprouvait beaucoup de contradiction ne peut plus s'accorder avec les principes de la législation actuelle qui admet à déposer tant en matière criminelle qu'en matière civile tous les témoins qu'aucune loi expresse ne réprouve (1). » MM. Boitard, Colmet-Daage et Glasson ajoutent : « Rien dans la loi ne s'oppose à l'audition de pareils témoins. On

____

(1) Questions de Droit. — Témoin instrumentaire, § 3.

ne peut écarter un témoin que s'il tombe sous l'application du texte littéral de l'article 283 du Code de procédure civile qui détermine les causes de reproche. Or la loi n'a pas déclaré reprochables les témoins instrumentaires. Seulement le tribunal, toujours maître d'apprécier la valeur des témoignages, accordera, suivant les circonstances, plus ou moins de confiance à la déposition des témoins instrumentaires (1). »

130. On objecte que l'article 283 du Code de procédure vise ce cas de reproche, puisqu'il repousse le témoignage de ceux qui ont donné des certificats relatifs au procès. Mais l'assimilation des témoins instrumentaires, contresignant un acte, aux personnes qui donnent des certificats relatifs aux procès est purement factice. Les premiers remplissent un ministère légal, exerçent une fonction publique, dont le caractère exclut, *a priori*, tout soupçon de dépendance et de partialité, les seconds rendent un service privé qui peut être le prix de l'amitié ou de la cupidité.

De plus, l'intention du législateur en édictant ce cas de reproche, en formulant cette prohibition contredit formellement une telle assimilation. Il a redouté que ceux, dont on a sollicité une appréciation sur les faits litigieux, n'eussent été influencés ou circonvenus par des moyens habiles ou indélicats et qu'au jour de l'audience, alors que tous

(1) *Leçons de procédure civile*, tome I, page 475, nº 458. — Dans le même sens : Garsonnet, *Traité théorique et pratique de procédure*, tome II, page 451, note 5.

les éléments du procès leur apparaissent dans toute leur netteté et leur vérité, ils ne se crûssent obligés, par amour-propre ou intérêt, de confirmer, en la reproduisant, une appréciation qu'ils reconnaissent cependant avoir été prématurée et inexacte. Or cette crainte ne pouvait pas exister à l'égard des témoins instrumentaires qui, nous le répétons, remplissent une fonction publique et non pas un office privé, qui n'ont pas été l'objet d'une sollicitation souvent artificieuse mais d'une confiance loyale et désintéressée.

131. On objecte encore que la recevabilité d'un pareil témoignage est une violation de l'article 1341 du Code civil qui dispose « qu'il n'est reçu aucune preuve par témoins contre et outre le contenu aux actes, ni sur ce qui serait allégué avoir été dit avant, lors ou depuis les actes ». Cette objection n'est que spécieuse. Tout d'abord, il importe de mesurer exactement la portée de cette disposition. L'interdiction formulée par l'article 1341, ne vise que le dispositif de l'acte et les énonciations qui ont un rapport direct avec ce dispositif (art. 1320). Elle ne s'applique donc pas aux énonciations qui y sont étrangères ; celles-ci peuvent constituer un commencement de preuve par écrit légitimant la preuve testimoniale (art. 1320 et 1347) (1). En outre, lorsque la convention constatée par acte *authentique* est entachée de fraude ou de dol, la preuve par témoins et par

____

(1) « Tunc enim tale instrumentum », disait Dumoulin, « non facit plenam fidem, sed solum præsumptionem. »

présomptions est admise contre et outre le contenu de
l'acte (1). De plus, cette *prohibition* s'adresse seulement
aux parties contractantes et non aux tiers (2). Enfin, l'article 1348 du Code civil vient encore restreindre la portée
de l'article 1341 en disposant que la preuve testimoniale
est admissible lorsqu'il y a eu impossibilité de se procurer
une preuve littérale : or, le cas de faux rentre indiscutable-
ment dans le champ d'application de cet article (3).

Que résulte-t-il de tout cela ? Que la disposition de l'article 1341 ne constitue pas un obstacle à l'admission de la
preuve testimoniale, qu'en matière de faux celle-ci se
trouve pleinement recevable et qu'ainsi les dépositions
des témoins instrumentaires ne sauraient être repoussées.

132. La jurisprudence nous offre de nombreux exem-
ples de décisions judiciaires consacrant sur le témoignage
des témoins instrumentaires les enseignements de la doctrine (4). Ces décisions reflètent l'argumentation que nous

(1) Cassation, 28 août 1877, D. 78, 1, 164 ; 8 janvier 1889, D. 89, 1,359.

(2) Cassation, 23 mai 1887, D, 87. 1, 498. — Dans ce sens : Colmet
de Santerre, Tome V, n° 315 bis. — Demolombe, Tome VII, n° 94. —
Laurent, Tome XIX, n° 475. — Baudry-Lacantinerie. Précis, Tome II,
n° 591.

(3) Du reste, l'art. 232 du Code de procédure civile range expressément la preuve testimoniale parmi les moyens de preuve admissibles
dans une procédure en inscription de faux.

(4) Cassation, 12 mars 1838, *Journal des Notaires*, art. 9970 ;
12 août 1834. D. *Répert.* Enquête, n° 491, note 4 ; 12 novembre 1856.
D. 57, 1, 59. — Rennes, 10 mars 1846. D. 46, 2, 232. — Angers,
8 mars 1855. D. 55, 2, 129. — Bastia, 22 juillet 1857. D. 58, 2, 71. —
Paris, 31 janvier 1874. D. 75, 2, 121. — Gand, 19 juillet 1882. D. 83,
2, 200.

avons exposée plus haut : se basant sur ce principe que
tout témoignage est recevable, tant en matière civile qu'en
matière criminelle, à moins qu'une loi expresse ne le repousse, elles refusent de voir dans la seule qualité de
témoin instrumentaire une cause de reproche, puisque
celle-ci ne figure pas dans l'énumération contenue en
l'article 281 du Code de procédure. Certaines d'entre elles
sont très explicites tant par le dispositif de l'arrêt que par
les diverses pièces de procédure qui les ont préparées. Il
convient de citer notamment, à l'occasion d'un arrêt de
la Cour de cassation du 12 mars 1838, le rapport très précis et très substantiel déposé par M. le conseiller Lasa-
gni et qui peut être considéré comme résumant parfaitement les théories admises par la jurisprudence. « On a reconnu que l'on ne peut pas imposer aux juges la nécessité
de repousser *per modum regulæ* par fin de non-recevoir,
des témoins que la loi ne repousse pas expressément, que
d'après les principes du droit romain et du droit français
lui-même, au cas où le tiers lésé ne peut se procurer ni
preuve par écrit ni commencement de preuve par écrit, la
loi n'ordonne pas mais ne défend pas non plus aux tribunaux de s'étayer et de s'étayer exclusivement des témoins
instrumentaires eux-mêmes, sauf aux juges, comme en
tout autre cas, d'y avoir tel égard que de raison. On a été
d'autant plus disposé à admettre ce mode de preuve que
c'est souvent par simplicité, impéritie ou inadvertance et
non par malice et perfidie que ces témoins ont matérielle-
ment attesté ce qu'ensuite ils rétractent de volonté déli-

bérée, et que souvent encore il peut se faire qu'il ne soit possible aux intéressés de trouver aucun élément de preuve hors les dépositions des témoins instrumentaires eux-mêmes. » Et l'arrêt rendu à la suite de ce rapport consacre entièrement cette doctrine (1).

133. Ce principe étant posé, il semble bien qu'on ne doive pas en restreindre arbitrairement la portée ni subordonner son application à la réunion de certaines conditions qui n'ont aucun fondement légal. Aussi nous ne pouvons souscrire à la solution adoptée par un certain nombre d'arrêts qui ont décidé que la seule déposition des témoins instrumentaires était insuffisante dans tous les cas pour prouver le faux (2).

Il est nécessaire, d'après ces arrêts, que le témoignage trouve un point d'appui et une confirmation dans des faits ou circonstances susceptibles de constituer un élément de preuve. C'est aller, semble-t-il, beaucoup trop loin et émettre une opinion très contestable au point de vue juridique. Puisqu'aucune loi, en effet, ne repousse les témoins instrumentaires, on ne peut considérer leurs dépositions comme suspectes et inefficaces *ipso jure*, par le fait même qu'elles ne sont pas accompagnées de circonstances capables d'en établir la sincérité, d'événements capables de les corroborer et de les consolider. Elles peuvent présenter

----

(1) *Journal des Notaires*, art. 9970.

(2) Cassation, 17 décembre 1818. D. *Répert.* Obligations, no 3152, note 1. — Douai, 9 décembre 1828. D. *Répert.* Faux incident, no 186, note 3. — Grenoble, 15 juin 1852. D. 55, 2. 266.

par elles-mêmes un caractère d'évidence qui rend inutile l'articulation de tout autre fait et qui est susceptible de prévaloir contre l'authenticité de l'acte. C'est donc seulement au tribunal, appelé à se prononcer sur le procès en inscription de faux, qu'il appartient d'apprécier en toute souveraineté la portée et la force probante des dépositions des témoins et ainsi de juger si celles-ci sont suffisamment graves pour entraîner sa conviction (1).

134. Toutefois, et c'est un point unanimement reconnu en doctrine et en jurisprudence, les dépositions des témoins ne doivent être accueillies qu'avec une grande circonspection et après un contrôle minutieux de l'absolue bonne foi de leur auteur. C'est, en effet, faire acte de prudence et de sagesse que de n'accorder qu'une confiance limitée à ce mode de preuve souvent défectueux et c'est, de plus, se conformer fidèlement aux principes généraux de notre législation qui manifeste une certaine défiance à l'égard de la preuve testimoniale. Si celle-ci jouissait autrefois, durant le moyen-âge, d'une grande considération ainsi que l'atteste l'adage classique formulé par Loysel : *témoins passent lettres*, son autorité fut dans la suite sérieusement battue en brèche et notablement réduite, comme le prouvent l'ordonnance de Moulins de 1566 et celle de 1667 (2). Et le législateur du Code civil s'inspirant des sages dispo-

---

(1) Dans ce sens : Arrêt précité de la Cour de cassation du 12 mars 1838, journal des notaires art. 9970 ; Cassation, Requêtes, 12 novembre 1856, D. 57, 1, 59.

(2) Voir supra, Introduction.

sitions de ces ordonnances, assure dans notre droit la prééminence, parfaitement légitime d'ailleurs, à la preuve littérale.

Pour cette raison, ne serait-il pas anomal qu'on acceptât sans aucun examen ni contrôle les déclarations des témoins intrumentaires alors que ces déclarations sont en contradiction formelle avec les énonciations de l'acte qu'ils ont contresigné ? Une telle pratique judiciaire serait donc la violation non seulement d'un principe de droit mais encore d'un principe de raison. Car enfin il est difficile d'expliquer rationnellement qu'on doive a priori ajouter plus de foi à la rétractation orale d'une affirmation écrite qu'à cette affirmation elle-même ?

En conséquence, et pour résumer la discussion, nous croyons devoir aboutir à la solution suivante : les dépositions des témoins instrumentaires sont parfaitement recevables, elles doivent être prises en sérieuse considération parce qu'elles peuvent contenir des éléments précieux et tout à fait certains de décision, mais aussi elles doivent être l'objet d'une critique intelligente et minutieuse qui permette de découvrir si elles sont empreintes de ces deux qualités constitutives de tout bon témoignage : la bonne foi et la vérité.

135. Nous avons ainsi déterminé d'une façon précise la nature et l'étendue des fonctions de témoin instrumentaire, nous avons démontré la validité de leurs témoignages en cas de contestation sur la sincérité de l'acte et fixé les conditions de *recevabilité de ces dépositions*, nous devons maintenant rechercher si ces fonctions peuvent être pour le témoin la source d'une responsabilité et si son ministère peut être comme celui du notaire en second l'objet d'un droit de réquisition.

L'exposé rapide du rôle que jouent les témoins dans la confection des actes a fait pressentir la solution qui doit être donnée à la première question. La loi — nous l'avons montré — ne leur impose l'accomplissement d'aucun devoir effectif, d'aucune obligation active, elle les considère comme des dépositaires de la confiance publique au même titre que le notaire, mais elle ne leur assigne dans cette œuvre propre qui est la collation de l'authenticité qu'un rôle purement passif. Dès lors, à une fonction toute négative doit correspondre une responsabilité négative (1). Il ne faut pas oublier, du reste, que les deux témoins sont l'équivalent du notaire en second dans la confection de l'acte, et que nous avons démontré précédemment la non-responsabilité de ce dernier ; la même démonstration peut donc leur être appliquée. En outre, il n'y a pas lieu de distinguer entre les témoins qui se contentent de contresigner l'acte, conformément à l'article 1er de la loi du 21 juin 1843, et ceux qui assistent à toutes ou à quelques-unes des

(1) Le témoin instrumentaire, qui assiste gratuitement à la confection d'un testament public, n'est point tenu de veiller personnellement à la régularité de l'acte, par suite il ne commet point une faute engageant sa responsabilité en ne vérifiant point lui-même les conditions de son aptitude.

Cassation, Requêtes, 31 mars 1885, D. 85. 1, 406 et 407.

phases de la réception : la solution est identique dans tous les cas, parce que la fonction conserve le même caractère, les uns et les autres sont donc déchargés de toute responsabilité.

136. Toutefois, si le principe unanimement admis est que les témoins instrumentaires ne sauraient être inquiétés pour faits de leur fonction, ne sauraient être l'objet, en tant que témoins instrumentaires, d'une action en dommages-intérêts fondée sur la nullité de l'acte, il peut arriver que par suite d'une faute personnelle, d'une manœuvre frauduleuse ou d'une déclaration sciemment mensongère, leur responsabilité se trouve engagée. Solution très juste, puisqu'il y a dans cette hypothèse un fait volontaire, un élément frauduleux, susceptible de causer préjudice à autrui et, par conséquent, de légitimer l'application de l'article 1382 du Code civil. C'est ainsi que la Cour de Colmar, dans un arrêt du 26 décembre 1860 (1), a déclaré des témoins instrumentaires responsables d'une fausse déclaration qu'ils avaient faite au notaire. Il s'agissait, en l'espèce, d'un testament ; le notaire, préalablement à la rédaction, avait pris la précaution de faire connaître les conditions requises par la loi pour être témoin instrumentaire, et les personnes appelées pour remplir ces fonctions avaient affirmé réunir les conditions. C'est ainsi encore qu'un arrêt de la Cour de Nancy du 20 mars 1841 a déclaré responsables des témoins qui, dans un acte de noto-

____

(1) *Revue du Notariat.* n° 56.

riété, avaient sciemment attesté des faits reconnus faux et avaient, par leur attestation, causé préjudice à un tiers.

Quoique les témoins instrumentaires soient investis d'une fonction entièrement passive et jouent pour ainsi dire à l'acte le rôle de simples figurants, ils doivent cependant s'opposer à toute prévarication du notaire qu'ils assistent, s'ils en ont connaissance. C'est qu'en effet, dans ce cas, le silence équivaudrait à la complicité, et les lois de la morale leur font un devoir strict de ne pas participer, même indirectement, à des agissements aussi répréhensibles. De plus — et c'est là le point de vue légal — ils courent le risque d'une action parfaitement justifiée en dommages-intérêts, basée sur les articles 1382 et 1383 du Code civil et destinée à réparer le préjudice causé.

137. De même que la responsabilité des témoins instrumentaires nous paraît, en principe, impossible légalement et équitablement, de même nous ne saurions admettre à leur égard l'existence du droit de réquisition. Il est vrai que sur ce dernier point il n'y a pas unanimité de décisions. Un arrêt récent de la Cour de cassation du 31 mai 1897, déjà cité, a formellement consacré, quoiqu'incidemment, la solution contraire. Quelle que soit l'autorité qui s'attache aux décisions de la Cour suprême, quelque graves que soient les considérations d'équité dont cet arrêt est visiblement l'expression, il nous semble impossible d'approuver une doctrine si nettement contraire aux principes.

138. En étudiant, dans la première partie de ce travail, la question d'applicabilité du droit de réquisition au ministère du notaire en second, nous avons précisé le véritable caractère de ce droit (1). Il est, avons-nous dit, trop exceptionnel de sa nature et trop important dans ses effets pour pouvoir être admis en l'absence d'un texte. C'est qu'en effet il porte atteinte à deux principes fondamentaux de notre constitution : les principes de liberté et d'inviolabilité de la personne humaine. Il impose corrélativement une obligation, une charge à celui qui en est l'objet. Or, dans notre droit actuel, pour qu'une obligation soit valable et licite, il faut qu'elle ait été volontairement contractée ou qu'elle résulte d'un texte. Ce texte existe-t-il en notre matière ? Nullement. Par conséquent le droit de réquisition ne saurait exister à l'égard des témoins instrumentaires, et le notaire qui l'exercerait outrepasserait son droit en violant son devoir.

Si nous avons statué différemment à l'égard du notaire en second, c'est que nous nous trouvions dans ce cas en présence d'un texte légal, l'article 3 de la loi de ventôse, qui contient le fondement de ce droit. Aux termes de cet article, les parties ont le droit de requérir le ministère des notaires, par conséquent elles peuvent requérir le ministère du notaire second. Mais, dans la pratique, elles n'usent pas de ce droit, elles choisissent un notaire et le chargent implicitement d'observer et d'accomplir toutes les formalités nécessaires à la validité de l'acte, dès lors n'est-il pas

(1) Voir suprà, pages 70 et suiv.

naturel, n'est-il pas légitime que le notaire choisi par les parties et leur mandataire tacite puisse exercer les droits leur compétant et particulièrement le droit de réquisition. Et l'on ne pourrait pas objecter que le notaire rédacteur, ayant reçu de la loi le pouvoir d'accomplir tous les formalités requises pour la perfection de l'acte, a le droit de requérir, en cas d'absence d'un collègue, le ministère de deux témoins, ce pouvoir ne va pas, ne peut pas aller jusqu'à imposer à de simples particuliers une obligation qui constitue à défaut de texte, nous le répétons, la violation formelle du principe fondamental de liberté.

139. Etant donné ces principes, la solution adoptée par la Cour de cassation paraît difficilement explicable. Peut-être s'est-elle laissé entraîner par l'assimilation que la loi établit, au point de vue de la régularité de l'acte, entre la signature d'un collègue et celle de deux témoins. Mais elle aurait dû, plus que tout autre, considérer que cette assimilation est surtout nominale et qu'en réalité des différences profondes existent entre le notaire, officier public, et les témoins instrumentaires, simples particuliers.

En contresignant l'acte, le premier exerce son ministère, intervient comme officier public, les seconds rendent un service privé qui ne constitue à aucun degré une obligation professionnelle.

140. On objectera peut-être encore que si le notaire rédacteur ne peut pas requérir le ministère de deux témoins, il se trouvera parfois dans l'impossibilité de régulariser l'acte. Il peut arriver, dit-on, qu'un collègue, habituellement chargé de contresigner les actes en qualité de notaire second, soit absent ou malade, et que les particuliers sollicités refusent formellement de remplir les fonctions de témoin. Dans ce cas l'acte sera forcément incomplet ou irrégulier, il n'aura pas la validité d'un acte authentique et le notaire ne pourra pas remplir l'objet propre de sa fonction.

En vérité, cette objection est d'ordre purement théorique, elle n'est pas suggérée par la pratique des faits. L'hypothèse, en effet, semble irréalisable. Pour qu'un notaire soit dans l'impossibilité de régulariser un acte, de lui conférer ainsi le caractère d'authenticité, il faudrait un concours de circonstances qui ne peut se produire. Car n'oublions pas d'abord qu'aucun délai fatal n'a été imposé par la loi pour l'accomplissement de la formalité prescrite par l'article 9 de la loi de ventôse (même pour les contrats de mariage), par conséquent l'apposition de la signature peut être valablement différée, ensuite qu'aux termes de l'article 3 de ladite loi le notaire rédacteur peut toujours requérir le ministère d'un collègue (1). Dès lors, l'objection dirigée contre notre doctrine perd toute sa valeur puisqu'elle n'est susceptible d'aucune confirmation pratique.

141. Les témoins instrumentaires ont-ils droit à rémunération? Il semble difficile de leur contester ce droit. A la différence du notaire en second dont le ministère, avonsnous dit, est obligatoire puisqu'il peut être requis, les té-

____

(1) Restriction faite évidemment du cas où l'acte est irrégulier.

moins instrumentaires rendent un service essentiellement
volontaire et dès lors pourquoi ce service, comme tous les
autres, ne pourrait-il donner droit à rémunération ? Usuel-
lement, du reste, le notaire rédacteur leur accorde une gratification qui a pour but de les indemniser de la perte de
temps et du déplacement que leur cause l'accomplissement
de la formalité. Tels seraient, en cas de contestation,
les deux éléments qui serviraient à déterminer le taux de
cette gratification ; on ne pourrait ajouter la responsabilité
comme troisième élément d'évaluation, puisque les témoins
instrumentaires en sont totalement affranchis, comme
nous l'avons démontré.

CHAPITRE III

142. Le législateur du Code civil n'a pas voulu que les témoins instrumentaires dans les testaments fussent soumis aux dispositions des articles 9 et 10 de la loi de ventôse. Il a préféré les assujettir à certaines règles propres qui sont formulées par les articles 971, 975, 976 et 980 du Code civil. C'est qu'en effet il considérait que le testament était un acte trop important et trop dissemblable des autres, dans sa nature et dans ses effets, pour que les conditions de capacité requises des différentes personnes qui concourent à sa formation ne fussent pas l'objet d'une réglementation distincte.

Nous étudierons, dans ce chapitre, les conditions d'idonéité imposées par la loi aux témoins instrumentaires dans les testaments authentiques et mystiques et nous préciserons les différentes obligations qui leur incombent dans l'exercice de leurs fonctions.

SECTION PREMIÈRE

DES TÉMOINS INSTRUMENTAIRES DANS LES TESTAMENTS AUTHENTIQUES.

143. On sait que l'article 980 du Code civil a subi de par la loi du 9 décembre 1897 une importante modification. Désormais les femmes peuvent remplir les fonctions de témoin dans un testament. Le nouvel article 980 est ainsi conçu :

« Les témoins appelés pour être présents aux testaments devront être majeurs, français, sans distinction de sexe. Toutefois le mari et la femme ne pourront être témoins ensemble dans le même testament. »

144. L'étude de ce texte suggère les mêmes réflexions, inspire les mêmes critiques que celle de l'article 9 nouveau de la loi de ventôse. Si l'on met le nouveau texte en regard de l'ancien on remarque aussitôt, en dehors du changement susvisé, une notable différence de rédaction. L'ancien article 980 exigeait des témoins la jouissance des droits civils, le nouveau ne mentionne plus cette condition. Faut-il en induire la volonté du législateur de supprimer cette exigence, de rendre plus accessible l'exercice de ces fonctions? ou faut-il considérer cette suppression comme le fruit d'une omission involontaire? C'est cette dernière explication que nous croyons devoir admettre.

145. Nous avons dit précédemment, en commentant le nouvel article 9 de la loi de ventôse, que la loi de 1897 n'a pas été élaborée et rédigée avec le soin minutieux et la précision qu'on est en droit d'attendre d'une disposition légale, elle contient malheureusement des incorrections et des lacunes regrettables qui créent l'incertitude et conséquemment la controverse. Le législateur, désireux avant tout de corriger ce qu'il estimait être une inégalité civile, s'est laissé dominer par l'idée de l'accessibilité de la femme aux fonctions de témoin et s'est contenté de modifier le texte de loi dans un sens conforme au nouveau principe. Mais là s'arrête son innovation, car rien dans les travaux préparatoires de la loi de 1897 ne permet de faire supposer qu'il ait voulu diminuer les garanties prises par le Code civil pour assurer le plus possible l'honorabilité du témoignage, supprimer une condition en si parfaite harmonie avec l'esprit de sagesse et de prudence qui a présidé à la réglementation de la matière des testaments. Nous admettons donc que, depuis la loi de 1897 comme auparavant, toute personne appelée pour remplir les fonctions de témoin instrumentaire dans les testaments authentiques ne peut le faire valablement que si elle a la jouissance de ses droits civils. La conséquence qui découle nécessairement de cette solution, c'est que quiconque a encouru la peine de la dégradation civique ou a été privé de ses droits par certaines condamnations correctionnelles est déchu *ipso facto* du droit d'être témoin (art. 28 et 42 du Code pénal).

146. Avant d'entrer dans le commentaire détaillé des

dispositions légales relatives à la capacité des témoins testamentaires, il importe de résoudre une question qui a paru quelque peu diviser la doctrine. Les articles 975 et 980 du Code civil contiennent-ils toutes les règles et formulent-ils toutes les conditions de capacité dont l'accomplissement est nécessaire pour pouvoir exercer valablement les fonctions de témoin dans un testament? Constituent-ils sur ce point un système complet de législation spéciale ou doivent-ils être complétés par les dispositions générales des articles 8 et 10 de la loi de ventôse !

La première opinion est presque généralement enseignée et admise aujourd'hui : elle paraît, du reste, pleinement justifiée. En effet, si l'on étudie les travaux préparatoires du titre des testaments, on trouve, dans le rapport fait au Tribunat par le tribun Jaubert, au nom de la section de législation, un passage directement relatif à la question qui nous occupe et dont le sens suffisamment explicite semble lever toute équivoque : « La loi générale (loi de ventôse) ne peut être invoquée dans la matière des testaments, pour lesquels une loi particulière règle tout ce qui est relatif *aux témoins.* » En outre, la comparaison attentive de l'article 975 du Code civil et de l'article 10 de la loi de ventôse conduit nécessairement à cette solution. Comment admettre, en effet, si le législateur considérait les dispositions générales de la loi organique du notariat comme le complément nécessaire des articles du Code relatifs aux témoins testamentaires, qu'il eût, dans l'article 975, interdit expressément aux clercs des notaires rédacteurs le droit d'être témoin, puisque cette interdiction était déjà formulée par l'article 10 de la loi précitée. Dans une telle hypothèse l'interdiction constituait une superfétation, car où était la nécessité de statuer à nouveau sur un point qui avait déjà fait l'objet d'une règlementation? Et qu'on essaie pas de l'expliquer par une inattention du législateur, de l'interpréter comme une simple faute de rédaction. En une matière qui avait fait l'objet d'une préparation lente et consciencieuse, une telle explication est bien peu vraisemblable, surtout si l'on songe à ce que le rapporteur du titre des testaments avait été l'année précédente le rapporteur de la loi de ventôse. La vérité c'est que le Code civil, dans ses articles relatifs aux témoins testamentaires, contient la loi unique et complète de la matière.

147. Cette solution a recueilli l'adhésion de la grande majorité de auteurs (1). Elle a également été consacrée par la jurisprudence. Un arrêt de la Cour de Grenoble du 12 juillet 1878 (2) a refusé d'annuler un testament dans lequel le domestique du notaire avait servi de témoin : « Attendu que les dépositions qui règlent la capacité des témoins testamentaires sont de droit étroit et ne peuvent être étendues par analogie ; que la capacité est la règle et

____

(1) Merlin, *Répertoire,* testament, section, 2, § 3, art. 2. — Demolombe, Tome IV, n° 213, — Laurent, Tome XIII, n° 279. — Aubry et Rau, Tome VII, § 670, page 117. — Baudry-Lacantinerie, *Précis,* Tome III, n° 1044.

(2) D. 79, 2, 93.

que l'incapacité des témoins ne se présume pas ; que le Code civil règle spécialement la capacité des témoins testamentaires dans les articles 974, 975 et 980, qui forment *la loi unique et complète* qui régit cette capacité ; que le Code postérieur à la loi du 25 ventôse an XI sur le notariat a aboli aux termes de l'article 7 de la loi du 30 ventôse an XII les dispositions générales édictées par ladite loi de l'an XI relatives à la capacité des témoins testamentaires ; qu'il est évident que si le Code avait entendu que les dispositions de la loi de l'an XI subsistassent encore, il eût jugé inutile de reproduire l'exclusion des clercs de notaire qui était prononcée par cette même loi. »

148. Toutefois, pour être juste, il faut reconnaître que ce système de législation spéciale des art. 974, 975 et 980 n'est pas à l'abri de toute critique et porte l'empreinte de quelque inconséquence, aussi certains auteurs ne l'admettent qu'avec hésitation. « La loi et l'opinion de Jaubert, enseignent MM. Rutgeerts et Amiaud (1), n'entraine pas seulement des inconvénients mais produit de véritables absurdités, ainsi la loi défend à un clerc de notaire d'être témoin et elle ne parait pas le défendre à son domestique qui est beaucoup plus sous sa dépendance que son clerc. » Et plus loin (n° 398) : « Ne pourrait-on pas dire que la loi organique est applicable à tous les actes notariés en général, aussi bien aux testaments qu'aux autres actes et que l'article 975 du Code civil n'a voulu déroger aux articles 8

____

(1) Op. cit., Tome I, n° 357.

et 10 de la loi organique qu'en ce qui concerne la prohibition pour cause de parenté, en étendant l'incapacité à un degré plus loin pour les testaments que pour les actes notariés. »

149. Mais cette solution, quelque satisfaisante qu'elle apparaisse au point de vue logique, est manifestement inconciliable avec les déclarations si nettes du rapporteur et la disposition *in fine* de l'article 975. Que ce dernier article ait eu pour but d'étendre la prohibition pour cause de parenté à des parents plus éloignés, le fait est évident, on ne saurait y contredire, mais qu'il ait une relation avec les articles 8 et 10 de la loi de ventôse, qu'il revête le caractère de texte limitatif de ces dispositions, cela paraît beaucoup moins évident. On se trouve en présence d'une affirmation qui a besoin d'être démontrée. Or cette allégation que le système contraire aboutit à quelques inconséquences ne saurait constituer un argument suffisamment probant. Comme le disent **MM. Aubry** et **Rau**, cela ne prouve pas que le système en lui-même soit irrationnel (1). Les rédacteurs du Code paraissent avoir obéi à cette double considération : 1° qu'il faut pour les testaments un plus grand nombre de témoins que pour les actes ordinaires ; 2° que les testaments devant rester secrets pendant la vie du testateur, il a fallu laisser à celui-ci une certaine latitude dans le choix des témoins. Or ce sont là des raisons pratiques dignes d'intérêt. Cependant nous avouons que l'article 975, tel qu'il est rédigé, présente une

____

(1) Tome VII, § 670, page 119, note 22.

singularité difficilement justifiable, car si, aux yeux du législateur, la qualité de clerc du notaire rédacteur constitue un obstacle à l'exercice des fonctions de témoin testamentaire, à cause du lien de dépendance et de subordination existant entre ces deux personnes, pourquoi la qualité de domestique ne serait-elle pas également une cause d'exclusion de ces mêmes fonctions, puisqu'ici le lien existe encore plus étroit et plus intime. Ce défaut d'harmonie appelle une modification.

150. De toutes les explications qui précèdent il résulte que trois conditions sont requises pour l'exercice des fonctions de témoin testamentaire : la majorité, la qualité de Français, la jouissance des droits civils. Les deux premières sont expressément mentionnées dans le dispositif du nouvel article 980, la troisième y est sous-entendue. La réunion de ces trois conditions sur la tête d'une personne fonde l'état de capacité proprement dite et la rend idoine à remplir les fonctions de témoin dans n'importe quel testament. Inversement, l'absence de l'une quelconque de ces conditions la frappe d'une incapacité absolue.

151. Mais, de même que pour les témoins instrumentaires dans les actes notariés ordinaires, outre les conditions positives dont l'accomplissement est un élément essentiel et indispensable d'idonéité à l'égard de tous les testaments, la loi impose des conditions négatives dont l'existence à l'égard d'un testament déterminé est non moins nécessaire pour exercer valablement les fonctions de témoin. Elles sont formulées par l'article 975 du Code civil.

Leur absence crée l'état d'incapacité relative. Nous étudie-rons en détail chacune de ces différentes conditions.

152. Tout d'abord, il est à peine besoin de parler de la première, elle se justifie d'elle-même. Il est naturel, en effet, que les fonctions de témoin testamentaire ne puissent être exercées que par des personnes dont le développement in-tellectuel et la maturité d'esprit leur permettent de se ren-dre compte avec netteté des événements auxquels elles assistent : or, précisément le mineur ne réunit par ces qua-lités, il est donc juste de le frapper d'exclusion. Celle-ci est absolue, elle atteint même le mineur émancipé.

153. La loi exige, en second lieu, du témoin testamen-taire la qualité de Français. Nous n'avons pas à examiner ici les différents éléments constitutifs de cette qualité, il nous faudrait pour cela entrer dans le commentaire de la loi du 20 juin 1889 et sortir ainsi des cadres de notre su-jet. Qu'il nous suffise de dire que la qualité de Français résulte de la naissance ou de la naturalisation.

Cette condition ne figurait pas dans l'ancien article 980 ou du moins elle n'y figurait pas littéralement. Cet article exigeait que le témoin fût *sujet du roi*, expression dont la signification était équivalente à celle de Français. Ce point, il est vrai, avait fait l'objet d'une controverse, mais l'affirmative n'était pas douteuse. L'article 40 de l'ordon-nance de 1735, qui a visiblement inspiré l'article 980 du Code civil, portait que le témoin fût *régnicole*, expression sous laquelle on désignait les sujets du roi, les Français, par opposition aux aubains ou étrangers. Les auteurs de la rédaction primitive de l'article 980, voulant reproduire cette idée, y substituèrent le mot *républicoles*, qui était en conformité avec le nouveau régime politique. Lorsque l'Empire fut constitué, on remplaça ce mot par l'expression *sujets de l'empereur*, et plus tard, sous la royauté, par celle de *sujets du roi*. Toutes ces expressions sont donc synonymes et désignent le Français. Le nouvel article 980 n'a fait que rendre plus claire et plus précise l'énonciation de cette condition. Étant donné la nouvelle rédaction, il est désormais indiscutable que l'étranger, même admis à jouir en France de ses droits civils, aux termes de l'article 13, n'a pas l'aptitude requise pour l'exercice des fonctions de témoin testamentaire. L'hésitation que manifestaient certains auteurs n'est plus permise aujourd'hui. Du reste, même en faisant abstraction des considérations précédentes, cette hésitation s'expliquait difficilement. C'est qu'en effet l'ancien article exigeait outre la jouissance des droits civils le titre de sujet du roi, il avait complètement distingué ces deux conditions, leur attribuant ainsi une portée spéciale et distincte; or, prétendre que l'étranger avait le droit d'exercer les fonctions de témoin testamentaire parce qu'il avait la jouissance des droits civils, c'est aller manifestement à l'encontre de la lettre du texte, c'est dénier toute signification à la distinction consacrée par l'article, c'est supprimer arbitrairement une condition (1).

(1) Dans ce sens : Colmet de Santerre, tome IV, n° 125 bis, II. — Demo-

154. La troisième condition requise des témoins est la jouissance des droits civils. Aujourd'hui tout Français jouit comme tel de ses droits civils. Depuis la loi du 31 mai 1854, portant abolition de la mort civile, il n'y a plus de causes entraînant d'une manière générale pour un Français la perte de tous ses droits. Mais la privation du droit d'être témoin peut résulter de certaines condamnations criminelles ou correctionnelles. C'est ainsi que la dégradation civique, conséquence légale des peines énumérées en l'article 28 du Code pénal, entraîne la perte du droit d'être témoin. De même, aux termes de l'article 42 § 7 du même code les condamnés à des peines correctionnelles peuvent être privés par les tribunaux de l'exercice de ce droit. C'est à ces seules hypothèses que se réfère aujourd'hui la condition de capacité exprimée, dans l'article 980 par les mots *jouissant des droits civils* (1).

155. On s'est demandé si l'interdit pour cause d'imbécilité, de démence ou de fureur pouvait être témoin testamentaire dans un intervalle lucide. La question a été diversement résolue. Pour les uns ce droit lui est refusé par la loi. Ils se fondent : 1° sur l'article 509 qui assimile l'interdit au mineur; 2° sur ce que les témoins jouissent de leurs droits civils et que l'interdit ne jouit pas du droit

lombe, tome XXI, n° 182. — Laurent, tome XIII, n° 259. — Aubry et Rau, tome VII, § 670, page 110, note 11. — Colmar, 26 décembre 1860, S. 61, 2, 265.

(1) Aubry et Rau, tome VII, § 670, p. 117, note 12. — Demolombe, tome XXI, n° 184.

d'être témoin, car, disent-ils, il ne peut jouir que des droits dont l'exercice est possible par délégation et non pas des autres, or, le droit d'être témoin ne saurait s'exercer par délégation (1). D'autres concluent à l'affirmative. Car aucune disposition légale n'enlève à ces personnes le droit d'être témoin. De plus, l'assimilation faite par l'article 509 ne vise que les lois sur la tutelle, elle est toute relative. Enfin l'interdit est jouissant de ses droits civils, c'est seulement l'exercice de ses droits qui est suspendu, et encore cette suspension ne s'applique-t-elle qu'aux droits qui peuvent être exercés par délégation (2).

156. L'article 980 formule les seules conditions absolues de capacité imposées au témoin testamentaire : il n'en existe pas d'autres. Il ne faudrait donc pas, sous le vague prétexte de réparer une omission du législateur, ajouter à l'énumération légale, accroître ses exigences. Le principe d'interprétation restrictive est pleinement applicable à ce texte à cause de la nature de sa disposition, non seulement pour mettre obstacle à toute addition nouvelle, mais encore pour empêcher l'extension de ses termes. C'est pourquoi il est inutile de rechercher si le témoin testamentaire jouit de la plénitude de ses droits politiques et civiques, la loi ne prescrivant pas cette condition. Nous avons vu qu'il en était différemment à l'égard des témoins instrumentaires dans les actes ordinaires. Cette différence

(1) Colmet de Santerre, tome IV, n° 125 bis, III.

(2) Demolombe, tome XXI, n° 185. — Aubry et Rau, tome VII, § 670, p. 116, note 10.

s'explique par plusieurs raisons. D'abord les testaments exigent un plus grand nombre de témoins que les actes ordinaires, il convenait d'accorder au notaire rédacteur ou au testateur une plus grande latitude dans le choix de ces auxiliaires. Ensuite ces actes, pour lesquels on éprouve souvent une vive répugnance qui fait retarder leur accomplissement, se rédigent habituellement aux approches de la mort, c'est-à-dire à un moment où il est nécessaire et prudent d'agir avec célérité. Il importait donc de ne pas imposer au témoin des conditions multiples d'idonéité dont la vérification est parfois difficile et qui sont autant de risques de nullité.

157. Une autre conséquence du principe d'interprétation restrictive est qu'il n'y a pas d'obligation pour les témoins testamentaires d'être domiciliés dans l'arrondissement du lieu où le testament est reçu (1). Il leur suffit d'être Français. Il faudrait même reconnaître au Français qui a en pays étranger sa résidence habituelle, un véritable domicile, au sens de l'article 102 du Code civil, c'est-à-dire le centre de ses intérêts et de ses affections, une aptitude parfaite aux fonctions de témoin dans un testament passé en France. Il n'est pas permis, en effet, de suppléer aux incapacités légales (2).

158. L'article 975 dispose : « Ne pourront être pris pour témoins du testament par acte public ni les légataires à

____

(1) Agen, 27 juillet 1885, S. 87, 1, 155.
(2) Dans ce sens, Demolombe, tome XXI, n° 183.

quelque titre qu'ils soient, ni les parents ou alliés, jusqu'au quatrième degré inclusivement, ni les clercs des notaires par lesquels les actes seront reçus. » Telles sont les conditions négatives de capacité requises par la loi des témoins testamentaires. Leur absence n'entraîne pas l'incapacité de remplir les fonctions de témoin à l'égard de tous les testaments indistinctement, mais seulement à l'égard de certains, en raison de circonstances toutes spéciales, de qualités toutes relatives. D'où le nom d'incapacité relative. Comme les conditions formulées par l'article 10, § 2, de la loi de ventôse, elles ont pour but d'assurer l'entière indépendance des témoins.

Qu'est-ce qu'un légataire ? Le légataire est le bénéficiaire d'un legs, c'est-à-dire d'une libéralité faite par testament. Donc toute personne gratifiée par le testateur d'une libéralité quelle qu'en soit l'importance, quelle qu'en soit la nature, quel qu'en soit le caractère, est nécessairement incapable, en vertu de l'article 975, d'assister comme témoin à ce testament. Il est à remarquer que la jurisprudence interprète avec une grande rigueur cette incapacité. C'est ainsi que la Cour de Montpellier dans un arrêt du 10 décembre 1883 (D. 85, 2, 406) a annulé un testament quoique le legs fait à l'un des témoins présentât un caractère rémunératoire (1). Toutefois il semble bien rigoureux d'admettre dans cette hypothèse la nullité du testament, car un legs rémunératoire ne constitue pas une véritable libéralité, il n'a de la

____

(1) Adde, Cassation, 31 mars 1883. D. 85, 1, 406.

donation que le nom. Cette solution ne serait équitable
qu'à l'égard de la somme excédant la juste rémunération
des services rendus. Citons encore un arrêt de la Cour de
cassation du 13 décembre 1847 (D. 48, 1, 128) qui pro-
nonça la nullité d'un testament dans lequel deux avocats
figurant comme témoins avaient été gratifiés de six couverts
d'argent (1).

159. Mais le legs n'est une cause de nullité du testament qu'autant qu'il a été fait personnellement ou directement au témoin. Il ne faut pas, en effet, exagérer la portée
de la prohibition contenue en l'article 975. En excluant le
légataire des fonctions de témoin testamentaire les rédacteurs du Code ont voulu empêcher que celui-ci n'eût à
souffrir les luttes que se livent, dans la conscience, le devoir et l'intérêt, luttes toujours regrettables et souvent dan-
gereuses au point de vue moral, or lorsque la gratification n'est pas personnelle au légataire, que celui-ci ne
trouve dans la libéralité qu'un intérêt éventuel et indirect,
ces conflits ne sont pas à redouter. C'est pourquoi les
ecclésiastiques peuvent être témoins dans un testament
qui contient des legs en faveur de la paroisse à laquelle
ils sont attachés. On ne doit pas non plus considérer le
curé ou déservant d'une église comme personnellement
gratifié par un testament qui contient, au profit du minis-

(1) On peut encore citer d'autres décisions judiciaires empreintes de
cette sévérité. — Cassation, 4 août 1851. D. 51, 1, 120. — Riom, 23
mai 1855. D. 57, 5, 224. — Bordeaux, 3 avril, 1841. S. 41, 2, 361. —
Paris, 5 février 1833. S. 33, 2, 178.

tre du culte en exercice lors du décès du testateur, un legs
fait sous la charge de célébrer des messes pour le montant
de ce legs (1). Au reste, un legs fait sous de telles conditions constitue-t-il une véritable libéralité? La négative ne
semble pas douteuse. Il apparaît plutôt comme la rémunération des frais et honoraires auxquels donnent ouverture
les services religieux, dont la célébration est prescrite.
C'est ce qu'à décidé un arrêt de la Cour de Riom du 5 mars
1873, approuvé par la Cour de cassation le 1er juillet 1874
(*Revue du Notariat*, n° 4799).

160. L'article 975 décide que les légataires, à quelque
titre qu'ils soient, ne peuvent être témoins, cette disposition vise-t-elle exclusivement les témoins instrumentaires
ou s'applique-t-elle aussi aux témoins certificateurs d'individualité ? MM. Rutgeerts et Amiaud adoptent la seconde
solution : « L'article 975, disent-ils, porte que les légataires,
à quelque titre qu'ils soient, ne peuvent pas être témoins
et nous pensons qu'on peut tirer de cet article l'argument
que celui qui est intervenu dans un testament comme témoin certificateur ne peut pas être employé comme témoin
s'il est nommé légataire, car le législateur a voulu défendre de faire des libéralités à des personnes dont l'intervention et la déposition pourraient avoir de l'influence sur
l'efficacité du testament. Il y a plus à craindre de l'intervention d'un témoin certificateur de mauvaise foi que d'un

____

(1) Demolombe, Tome XXI, n⁰ˢ 203 à 205. — Aubry et Rau, Tome VII, § 670, page 118, note 17 *in fine*. — Conf. Dijon, 1er avril 1874,
D. 75, 2, 84.

témoin instrumentaire. L'intervention du premier est une preuve que le notaire ne connaît pas le testateur et que l'effet du testament repose spécialement sur l'attestation d'individualité. Quelle confiance peut-on avoir dans une pareille attestation lorsqu'elle émane d'un témoin certificateur qui a intérêt à la validité du testament qui lui confère des libéralités ? (1) »

Ces raisons ne nous paraissent pas convaincantes. D'abord s'il est vrai que le législateur en parlant des légataires a voulu attribuer à ce mot une signification très générale, une portée très étendue, ainsi qu'il résulte de la qualification dont il l'a fait suivre, il n'est pas moins vrai que cette disposition est uniquement relative aux témoins instrumentaires — la place occupée par l'article et l'esprit de la disposition le démontrent suffisamment — et qu'elle doit être l'objet d'une interprétation stricte, comme tous les textes formulant des incapacités (2). Ensuite le motif, pour lequel la loi a interdit aux légataires le droit d'être témoin, ne se retrouve plus ici. En effet, les témoins certificateurs d'individualité ne sont pas appelés, en cas de

<hr>

(1) Op. cit., tome II, no 377.

(2) MM. Rutgeerts et Amiaud ne semblent pas du reste très persuadés de l'exactitude de leur solution. C'est du moins ce qu'on peut induire de ce passage :

On peut dire en faveur de l'opinion contraire que l'article 975 du Code civil ne traite que des témoins instrumentaires et que par conséquent le legs fait à un témoin certificateur n'annulerait pas le testament, attendu que les dispositions prohibitives doivent plutôt se restreindre que s'étendre.

L. 13

contestation sur la véracité de l'acte, à déposer sur les différents faits et opérations du testament, sur ce qu'ils pourraient avoir vu et entendu au cours de la confection, ce rôle incombe exclusivement aux témoins instrumentaires en vertu de leurs fonctions propres. La mission des premiers consiste simplement à attester l'individualité du testateur et non pas à fournir d'autres attestations. Dès lors, il semble impossible de voir, dans la qualité de légataire des témoins certificateurs d'individualité, une cause de nullité du testament fondée sur le défaut d'indépendance et la crainte de fausseté du témoignage, puisqu'ils n'ont pas à témoigner sur la sincérité et la régularité de l'acte. Mais il est évident qu'une telle qualité est susceptible d'affaiblir et même de ruiner la force probante de l'attestation de ces témoins quant à l'individualité du testateur. On se trouve ici en présence d'une cause légitime de reproche.

161. Par esprit de défiance la loi interdit le droit d'être témoin non seulement aux légataires mais encore à leurs parents ou alliés jusqu'au quatrième degré inclusivement. Le lien de parenté, d'affection ou d'intérêt existant entre eux peut altérer la sincérité du témoignage et dénaturer la mission de surveillance dont la loi a investi les témoins. Mais il fallait éviter de tomber dans un excès de sévérité. C'est pourquoi la prohibition n'atteint que les parents ou alliés jusqu'au quatrième degré.

162. On s'est demandé si le conjoint du légataire était compris dans la prohibition légale. Aucun doute, semble-t-il, ne peut subsister sur ce point, et c'est par un argument *a fortiori* que l'on doit conclure à l'affirmative. Si, en effet, la qualité d'allié du légataire entraîne la perte du droit d'être témoin, comment admettre que la qualité de conjoint, source et cause de l'alliance, ne produirait pas les mêmes effets. C'est, d'ailleurs, l'avis unanime des auteurs.

On peut encore fortifier cette opinion d'un argument tiré du nouvel article 980. Aux termes de cet article le mari et la femme ne peuvent pas remplir ensemble les fonctions de témoin dans un même testament, car la loi redoute avec raison l'ascendant qu'habituellement l'un des époux exerce sur l'autre durant le mariage. Or cette raison n'existe-t-elle pas avec plus de force et de certitude lorsque l'un des époux est légataire, c'est-à-dire personnellement intéressé à l'acte ?

163. Nous avons vu, en commentant l'article 10 de la loi de ventôse, que la mort du conjoint qui a produit l'alliance n'entraîne pas la rupture de celle-ci. Nous nous sommes suffisamment expliqué sur ce point pour n'avoir pas à y revenir Nous nous contenterons seulement de tirer de cette proposition la déduction relative à l'hypothèse qui nous occupe : l'incapacité d'être témoin testamentaire subsiste, pour les alliés du légataire, après le décès du conjoint.

164. Les clercs du notaire qui reçoit l'acte composent la troisième catégorie de personnes auxquelles la loi interdit le droit d'être témoins testamentaires. Nous connais-

sons les traits caractéristiques et distinctifs de la fonction
de clerc (1). Cette fonction implique un travail habituel et
régulier dans l'étude du notaire. Au surplus, la solution de
la question de savoir si telle personne, qui travaille chez
un notaire, doit être considérée comme clerc dépend des
circonstances de la cause et demeure, par conséquent,
abandonnée à l'appréciation des tribunaux (2).

165. L'article 975 ne formule pas d'autres conditions
négatives de capacité que celles dont nous venons de
donner l'énumération et le commentaire. Si l'on veut
observer fidèlement le principe d'interprétation restrictive
qui doit dominer cette matière, il n'est pas permis d'ajouter
à la disposition légale. Cependant plusieurs auteurs, ou-
blieux du caractère nettement limitatif de ce texte, ont cru
devoir le compléter, afin, disent-ils, d'éviter au législateur
le reproche d'inconséquence et même d'absurdité (3). C'est
là certainement une pensée louable, mais elle paraîtra difficilement juridique. Comme nous l'avons dit en substance,
au sujet de l'article 980, peu importe que le système
actuel de législation, quant à la capacité des témoins testamentaires, présente quelques vices de construction,
manifeste quelque anomalie, nous ne pouvons que le

----

(1) Voir pages 144 et suiv., nos 106 et suiv.

(2) Aubry et Rau, tome VII, § 670, page 119, note 19. — Demolombe, tome XXI, no 209. — Agen, 31 juillet 1854 (S. 54, 2, 532). —
Cassation, Requêtes, 10 avril 1855 (S. 55, 1, 512). — Cassation, Civ.,
25 janvier 1858 (D. 58, 1, 63).

(3) Rutgeerts et Amiaud, op. et loc. cit.

regretter mais nous ne devons pas substituer notre volonté
à celle des auteurs de la loi. La tâche du commentateur
est d'abord d'étudier l'œuvre en elle-même, dans son
ensemble, dans ses détails, ensuite de l'apprécier, d'en
signaler les imperfections ou les fautes, s'il y en a, mais
seulement pour en souhaiter et non pas pour en ordonner
lui-même la disparition.

166. C'est en perdant de vue cette règle infaillible et
sûre que des auteurs, même considérables, ont voulu
comprendre les domestiques et serviteurs du notaire rédacteur du testament dans la prohibition formulée par
l'article 975. Nous croyons avoir démontré précédemment l'inexactitude de cette solution et réfuté suffisamment
l'erreur qui lui a donné naissance (1). De même, il serait
tout à fait erroné de croire frappés d'incapacité les serviteurs ou domestiques du légataire et du testateur. La
raison de décider est identique : on ne peut pas étendre
les dispositions prohibitives à des personnes qui ne sont
pas expressément visées dans le texte de loi (2).

167. Les parents ou alliés du testateur peuvent également et pour le même motif remplir les fonctions de
témoin. Mais il faut reconnaître qu'on allègue parfois de

(1) Voir pages 180 et suiv., nos 146 et suiv. — Aubry et Rau, tome VII,
§ 670, page 119, note 22. — Demolombe, tome XXI, no 213. — Colmet de
Santerre, tome IV, no 120 bis, I. — Marcadé, sur l'art. 980. — Grenoble, 12 juillet 1878 (D. 79, 2, 93.)

(2) Cassation, 3 août 1841 (S. 41, 1, 865). — Aubry et Rau, tome VII,
§ 670, page 120. — Demolombe, tome IV, no 214. — Marcadé, sur
l'art. 975, no 3.

faibles raisons à l'appui de cette solution. Certains avouent que la qualité de parents du testateur ne doit pas être un obstacle aux fonctions de témoin, car ceux-ci ont intérêt plutôt à empêcher qu'à favoriser le testament. Mauvais argument qui se retourne contre ceux qui l'emploient. N'est-il pas facile, en effet, de répondre : si les parents du testateur ont un intérêt à la nullité du testament, comment leur qualité ne serait-elle pas une cause légitime d'exclusion, puisque leur témoignage se trouve vicié dans son principe ? D'autres, argumentant des termes mêmes de l'article 10 de la loi de ventôse qui parle de *parties contractantes*, affirment que les dispositions de cet article quant à la capacité des témoins instrumentaires visent uniquement le cas de contrat et que, par conséquent, elles ne peuvent s'appliquer aux témoins dans les testaments : ceux-ci étant des actes et non pas des contrats. Mais s'il fallait interpréter ces mots dans un sens aussi littéral, on arriverait à cette conclusion que dans tous les actes qui ne sont pas des contrats, comme les mainlevées, les procurations en blanc, les actes de notoriété, les inventaires, etc..., les dispositions de l'article 10 ne seraient pas applicables et qu'ainsi les parents ou alliés des parties pourraient être témoins. Solution évidemment inadmissible.

168. Enfin, dernière conséquence du principe que nous avons admis, les parents ou alliés du notaire, qui reçoit le testament, ont pleine et entière aptitude aux fonctions de témoins. Mais, dans la pratique, il est rare que le notaire use de la faculté qui lui est implicitement reconnue

par la loi d'appeler comme témoins à l'acte des parents ou
des alliés. Cette abstention est louable autant que sage.
Le notaire a un intérêt évident à sauvegarder sa réputa
tion professionnelle, il doit veiller sur elle avec un soin
jaloux, la mettre à l'abri de toute compromission. Or, il
n'ignore pas que le fait d'employer des membres de sa famille comme témoins instrumentaires à l'acte qu'il reçoit,
que peut-être il prépare, pourrait provoquer des insinua-
tions malveillantes et affaiblir ainsi sa considération.

De plus, ne doit-on pas admettre que si l'exercice de
cette faculté, parfaitement légale du reste, ne peut constituer par lui-même une cause de nullité du testament, il
peut du moins en cas de contestation et selon les circonstances, fournir au juge une présomption, si faible soit-elle,
de fausseté ou de suggestion ? Ricard, dans son *Traité
des Donations et Testaments*, observe judicieusement que
cette présomption est admissible lorsque les témoins testamentaires sont parents entre eux, or une telle solution
ne s'impose-t-elle pas plus impérieusement encore dans
l'hypothèse qui nous occupe où le lien de parenté existe
entre les témoins et le notaire rédacteur (1) ?

---

(1) Troplong (*Donations et Testaments*, tome III, n°s 1605 et 1606),
croit devoir faire une distinction entre les parents et alliés du notaire
qui, pense-t-il. peuvent être témoins et ses domestiques qui ne le peuvent pas.

Il fonde son opinion sur un argument a fortiori tiré de l'art. 975.
Puisque les clercs ne peuvent pas être témoins, il doit en être de même
des domestiques.

Nous avons réfuté ailleurs cette argumentation. On ne peut pas créer

169. Les témoins testamentaires ne doivent pas seulement réunir les conditions absolues et relatives de capacité légale que nous avons étudiées en commentant les articles 980 et 975 du Code civil, ils doivent encore posséder les qualités physiques et intellectuelles nécessaires à l'exercice de leurs fonctions. La loi ne formule pas expressément cette obligation parce que celle-ci est évidente et découle de la nature des choses. Il serait inexplicable, en effet, que le législateur, après avoir investi le témoin testamentaire d'une mission de surveillance, n'exigeât pas de lui l'aptitude physique nécessaire à l'accomplissement de cette mission et se contentât de la capacité légale. Le témoin doit avoir l'intelligence nette et précise des différentes opérations auxquelles il assiste afin de pouvoir, en cas de besoin, rendre compte de ce qui s'est accompli en sa présence. Or, ces fonctions impliquent nécessairement la pleine capacité physique et intellectuelle de celui qui les exerce : aucun doute ne peut subsister sur ce point.

170. Par application de cette règle, il faut décider que les individus en état de folie ne peuvent pas servir de témoin testamentaire : en effet, ils ne jouissent pas de leurs facultés et ne peuvent par conséquent s'assurer de l'observation des formalités. Mais ils pourraient remplir ces fonctions pendant un intervalle lucide. La même solution doit être admise à l'égard des personnes en état d'ivresse.

d'incapacité sans texte et l'art. 10 de la loi de ventôse n'est pas applicable à la matière.

171. Les aveugles et les sourds sont également frappés d'incapacité. Un arrêt de la Cour de Paris du 16 janvier 1874 (1) a décidé que la cécité absolue d'un témoin est une cause de nullité absolue du testament authentique. Solution parfaitement légitime, car la mission de surveillance s'exerce autant par la vue que par l'ouïe. Mais l'incapacité n'existerait pas s'il était démontré qu'à l'époque de la confection du testament le témoin n'était frappé que d'un affaiblissement de la vue qui lui permettait encore de percevoir les personnes et les choses d'une façon suffisamment distincte et, par conséquent, de se rendre compte de ce qui s'est passé au moment de la réception du testament (arrêt précité).

172. Quant aux individus atteints de surdité, ils se trouvent, nous l'avons dit, dans l'impossibilité de remplir ces fonctions. Mais, de même que pour la cécité, cette infirmité n'entraîne d'incapacité que si elle est complète et absolue. Donc, si un témoin entend difficilement mais suffisamment cependant pour ouïr la dictée faite par le testateur et la lecture faite par le notaire, le testament ne serait pas nul, car le témoin a pu remplir sa mission (2).

173. Un muet peut-il être témoin? L'affirmative est assez généralement admise (3). C'est qu'en effet les rai-

(1) D, 75, 2, 39. — *Revue du Notariat*, n° 4663.

(2) Besançon, 18 novembre 1874 et sur pourvoi. Cass., Requêtes, 8 novembre 1875 (D., 76, 1, 339).

(3) Aubry et Rau, tome VII, § 670, p. 116. — Demolombe, tome XXI, n° 194. — Laurent, tome XIII, n° 265. — Marcadé, sur l'article

sons qui pouvaient exister dans la législation romaine pour exclure le muet de ces fonctions n'existent plus dans notre Code qui a modifié les formes du testament. Cette exclusion constituerait aujourd'hui une règle surannée, une mesure inconciliable avec les dispositions nouvelles. Le muet n'est frappé d'aucune incapacité, physique ou morale, de remplir sa mission, s'il n'a pas l'usage de la parole, il a du moins l'usage de la vue et de l'ouïe, il peut entendre et par conséquent surveiller la confection du testament, contrôler l'accomplissement des formalités.

174. Quelques auteurs subordonnent formellement à la condition de savoir écrire l'aptitude du muet aux fonctions de témoin (1). Ils fondent leur opinion sur l'impossibilité par celui-ci de manifester autrement sa pensée, de rendre un témoignage certain de ce qu'il a vu et entendu. « Dans les cas ordinaires, dit Dalloz, on trouve dans la signature apposée par le témoin la preuve qu'il a bien compris et réellement exercé le rôle qui lui est assigné par la loi, mais s'il s'agit d'un muet ne sachant pas écrire, peut-on regarder comme expression suffisante de la pensée et de l'intention de ce témoin, la seule circonstance qu'il

980. — Troplong, *Donations et Testaments*. tome III, nᵒ 1679. — Baudry-Lacantinerie et Colin, *Donations et Testaments*, tome III, nᵒ 2179.

(1) Toullier, tome V, n. 592. — Dalloz, *Rép.*, Disposition entre vifs, nᵒ 3456.

En sens contraire : Troplong, *Donations et Testaments*, tome III, nᵒ 1679. — Marcadé, sur l'article 980. — Aubry et Rau, tome VII. § 670, p. 446.

aura laissé sans contradiction l'assertion du notaire que lui muet n'a pas signé parce qu'il ne savait pas ? »

175. Il semble bien que cette condition soit purement arbitraire. En effet, de ce que les incapacités naturelles en matière de témoins testamentaires n'ont pas fait l'objet d'une disposition expresse du Code civil, il ne faudrait pas conclure qu'il est permis, sans violer la loi, de les étendre outre mesure en multipliant les conditions d'aptitude, ce serait une grave erreur et la négation formelle du principe d'interprétation restrictive qui, nous l'avons dit, domine toute la matière. Il ne faut, au contraire, admettre que celles qui sont en quelque sorte gravées dans la nature elle-même, que celles dont l'évidence est telle qu'il est inutile à toute législation de les formuler et de les spécifier. Or la condition dont il s'agit présente-t-elle ce caractère d'évidence qui s'impose à tout esprit ? Il est permis d'en douter. Car l'incapacité d'écrire chez le muet témoin testamentaire ne l'empêche pas certainement d'exercer le rôle de surveillance dont la loi l'a investi et n'entraîne pas comme une conséquence nécessaire et forcée l'impossibilité de rendre témoignage de ce qu'il a vu et entendu. Privé de l'usage de la parole, ignorant en l'art d'écrire il n'est pas incapable de toute communication d'idées avec ceux qui l'entourent et qui désirent connaître son opinion. Il a d'autres moyens d'exprimer sa pensée, il peut la manifester par des signes conventionnels, par une mimique spéciale, notamment la dactylologie, dont le sens sera suffisamment intelligible. Si donc il estime que la réception du testament présente des irrégularités, il a le pouvoir de protester contre elles et de faire comprendre au notaire rédacteur sa protestation. De plus, dans l'hypothèse où le testament ferait l'objet d'une poursuite en inscription de faux, aucune impossibilité physique ne met obstacle à la déposition du témoin muet : le témoignage de celui-ci pourra, à titre de garantie, être recueilli en présence d'un expert et traduit par ce dernier aux juges enquêteurs.

Au reste, qu'est-ce que l'écriture dont la connaissance au dire de certains auteurs, est une condition indispensable de capacité pour le témoin testamentaire muet? N'est-elle pas elle-même un signe, un signe dessiné au lieu d'être un signe mimé, un moyen graphique au lieu d'être un moyen mimologique de conversation et de communication d'idées? Et de ce qu'elle constitue, avec raison d'ailleurs, le mode de preuve par excellence de la pensée et de la volonté d'une personne, étant plus sûre et plus facile, il ne s'ensuit pas qu'il n'existe pas d'autres modes qui puissent refléter avec fidélité cette pensée et cette volonté.

176. Mais si le muet, qui ne sait pas écrire, se trouve dans l'impossibilité de s'exprimer par signes, il doit incontestablement être frappé d'incapacité, car il ne peut dans ce cas rendre un témoignage certain de ce qu'il a vu et entendu. Cette solution découle, du reste, des explications précédentes.

177. Ceux qui sont à la fois sourds et muets sont également frappés d'exclusion, car il leur est complétement impossible de remplir leur mission de témoins et, partant, de déposer, en cas de contestation, sur les faits du testament.

178. On a assimilé au sourd et par conséquent déclaré incapable le témoin testamentaire qui ne comprend pas la langue du testateur. Cette solution est-elle exacte ? La question soulève une grave controverse et mérite un minutieux examen.

Il importe tout d'abord de bien préciser le rôle des témoins dans la confection du testament car c'est l'interprétation inexacte et incomplète de ce rôle qui a provoqué les divergences de vues dans la doctrine et la jurisprudence.

179. Les témoins testamentaires sont, nous le savons, les auxiliaires du notaire dans l'authentication de l'acte qu'il rédige, ils ont, en outre, reçu de la loi une mission de surveillance et de contrôle en ce qui concerne l'accomplissement des formalités prescrites. De plus, en cas de litige sur la validité ou la sincérité du testament, les juges peuvent faire appel à leur témoignage afin d'y puiser un élément de décision (1).

(1) Cette mission des témoins testamentaires paraît difficilement contestable. Elle résulte implicitement des travaux préparatoires du titre des *Donations et Testaments*. — (Bigot-Préameneu, *Exposé des motifs*, nº 58 ; — Locré, *Procès-verbaux du Conseil d'État*, tome V, page 329 ; — Joubert, *Rapport au Tribunat*, nº 56 ; Locré, op. cit., tome V, page 355).

Elle découle encore de l'obligation qui leur est imposée d'assister à toutes les phases de la réception de l'acte.

Cependant on a prétendu que le témoin avait pour unique fonction

180. Le rôle des témoins dans le testament étant ainsi
déterminé, il s'agit, pour résoudre la question qui nous
occupe, de rechercher si ce rôle peut être convenablement
rempli par l'individu qui n'entend pas la langue du testateur. Or, n'apparaît-il pas aussitôt qu'un tel individu se
trouve dans l'impossibilité de remplir d'une façon satisfaisante l'office de témoin ? Il n'est pas excessif de prétendre, en effet, que celui qui ignore la langue du testateur
n'assiste pas réellement à la confection de l'acte. Il y
figure en personne, il est vrai, mais il est absent en esprit, puisque celui-ci ne perçoit que des sons inintelligi-
bles, des mots vides de sens ; or, ce que la loi a voulu
exiger en prescrivant l'assistance, ce n'est pas tant évidemment la présence corporelle du témoin que sa présence

de s'assurer de l'observation des formalités légales, c'est-à-dire de la
dictée, de l'écriture, de la lecture, sans avoir à certifier la conformité
de l'écriture à la dictée, de la lecture à l'écriture. En d'autres termes
il serait investi d'une mission de constatation purement matérielle,
du contrôle de simples faits.

Nous ne pouvons admettre cette doctrine. La mission du témoin a
plus d'étendue et d'efficacité. Il suffit, en effet, de se rappeler les intentions du législateur qui a voulu multiplier les surveillants afin de
mieux constater — ce sont les propres expressions de Bigot-Préameneu — la volonté des testateurs. Les auteurs de la loi avaient le souci
d'assurer la liberté et la véracité d'un acte particulièrement important,
qu'ils savaient facilement accessible à la fraude et à la captation. Or
ce résultat ne pouvait être aisément atteint qu'en plaçant auprès du
testateur un certain nombre de personnes dont la présence constitue
une garantie de liberté et dont le devoir est de connaître les dispositions testamentaires afin de s'assurer de leur entière et fidèle reproduction dans l'acte.

intellectuelle, c'est-à-dire l'intelligence nette des déclarations et dispositions de l'homme qui fait son testament.
Cette intelligence faisant défaut, il est permis de se demander quelle surveillance pourrait être exercée par un
pareil témoin ? Comment celui-ci saura-t-il que l'acte à la
réception duquel il est censé assister est un testament ?
Comment, dans le langage inintelligible du testateur, discer-
nera-t-il ce qui constitue une disposition de ce qui ne l'est
pas ? Comment vérifiera-t-il que l'acte est la reproduction
fidèle des déclarations orales ? Comment s'assurera-t-il que
la lecture du testament a été donnée au testateur ? De
plus, comment pourra-t-il certifier que toutes les formalités
prescrites par la loi ont été accomplies ? Quel témoignage
pourra-t-il fournir aux juges en cas de contestation, sur
les faits, circonstances et incidents du testament ? Questions insolubles évidemment; si l'on reconnaît la capacité
d'un pareil témoin. Dès lors, à moins de pousser l'invrai-
semblance jusqu'à considérer les fonctions de témoin testamentaire comme dépourvues de toute signification et
d'utilité, comme la survivance inexplicable d'un ancien
formalisme — ce que contredisent formellement, nous
croyons l'avoir démontré, les travaux préparatoires du
Code civil — on doit conclure que la loi a entendu exclure
de ces fonctions quiconque ignore ou connaît insuffisam-
ment la langue du testateur (1).

(1) En ce sens : Aubry et Rau, tome VII, § 670, page 445. — Demolombe, tome XXI, nᵒ 196. — Laurent, tome XIII, nᵒ 268. — Troplong,
tome III, nᵒ 1526. — Marcadé, sur l'art. 972. — Baudry-Lacantinerie

181. La question que nous venons d'examiner en entraîne une autre : est-il nécessaire que le témoin testamentaire, entendant du reste la langue du testateur, connaisse celle dans laquelle le testament a été rédigé? La doctrine est fortement divisée sur ce point. Un certain nombre d'auteurs adoptent la négative et paraissent s'être laissés influencer par des considérations pratiques dont on ne peut, du reste, dénier l'importance (1). Nous préférons néanmoins nous ranger à l'opinion contraire, c'est-à-dire conclure à l'affirmative (2).

182. On pourrait objecter, préalablement à toute discussion, que l'hypothèse prévue par cette question est irréalisable, si l'on veut observer strictement l'article 972 du Code civil. En effet, les dispositions de cet article ordonnent au notaire d'écrire le testament « tel qu'il est dicté » en d'autres termes de reproduire fidèlement ce que le testateur prononce mot à mot. Par conséquent, dit-on, la langue, dans laquelle le testament est rédigé, étant toujours identique à celle du testateur, la question for-

et Colin, *Donat. et Testam.*, tome II, nº 2178. — Rutgeerts et Amiaud, op. cit., tome I, nº 365. — Rennes, 8 janvier 1884 (D. 85, 2, 96) : Le testament a été annulé parce que l'un des témoins instrumentaires ne connaissait pas la langue française, dans laquelle ce testament avait été dicté, écrit et lu.

(1) Aubry et Rau, tome VII, § 670, page 115. — Marcadé, sur l'art. 972. — Troplong, *Donations et Testaments*, tome III, nº 1526.

(2) Demolombe, tome XXI, nº 197. — Laurent, tome XIII, nº 268. — Toullier, tome IV, nº 122. — *Pandectes françaises, Donations et Testaments*, nº 6812.

mulée plus haut ne doit pas se poser, puisque l'hypothèse qui lui donne naissance n'est susceptible d'aucune réalisation pratique.

A la vérité cette objection n'est que spécieuse et ne saurait prévenir la solution de la question. Elle est le fruit d'une interprétation trop littérale du mot *dicté* formulé par l'article. Par ce mot, le législateur n'entend pas dire que le notaire se trouve dans l'obligation stricte de reproduire intégralement et littéralement les expressions du testateur, mais seulement que le testament reflète fidèlement la pensée de ce dernier, qu'il contienne exactement le sens et la substance de ses déclarations (1). Bien plus, le notaire a le devoir, lorsque le testateur s'est exprimé d'une façon obscure ou incorrecte, de ne pas transcrire servilement les dires de celui-ci, d'éviter dans la rédaction de l'acte toute obscurité ou toute incorrection. Comme dit Baudry-Lacantinerie, la loi fait de lui un secrétaire, mais elle ne lui défend pas d'être un secrétaire intelligent (2). Dès lors, ne doit-on pas logiquement admettre qu'il est permis à un notaire de rédiger le testament dans une langue différente de celle qui a été employée par le disposant? Ainsi se trouve établis la vraisemblance de l'hypothèse que nous avons envisagée et l'intérêt pratique de la question qui en est issue.

(1) Cassation, Req., 6 décembre 1875 (D. 77, 1, 245). — Cassation, Civ., 12 février 1879 (D. 79, 1, 84, 85).— Cassation, Req., 13 juin 1882, (D. 82, 1, 312). — Pau, 18 juillet 1887 (D. 88, 2, 214).

(2) *Précis de Droit civil*, tome III, n° 1024.

L. 14

Du reste, on peut encore invoquer un autre argument plus certain et plus probant. Tous les actes notariés doivent être écrits en langue française. Cette prescription est édictée par un décret du 2 thermidor an II qui a renouvelé sur ce point les dispositions des ordonnances de l'ancienne monarchie (1). Elle a été reproduite par un arrêté du 24 prairial an XI et confirmée par une circulaire du ministre de la justice en date du 4 thermidor an XII, au procureur général de la Cour de Bruxelles. Que résulte-t-il de cette prescription ? Que si le testateur dicte ses volontés en une langue étrangère, le notaire est tenu strictement de ne pas reproduire l'idiome du disposant, de rédiger l'acte en français (2). Dans ce cas ce n'est plus une faculté, c'est une obligation.

183. Ceci dit, revenons à la question que nous avons posée. Les raisons que nous avons émises précédemment à l'appui de cette assertion que les témoins testamentaires se trouvent dans l'impossibilité de remplir leur mission selon le vœu de la loi, s'ils ignorent la langue du testateur, militent non moins énergiquement en faveur de la nécessité pour ces mêmes témoins de comprendre en outre la langue dans laquelle le testament a été rédigé, c'est-à-dire

(1) Art. 1er. « A compter du jour de la publication de la présente loi, nul acte public ne pourra, dans quelque partie que ce soit du territoire de la République, être écrit qu'en langue française. »

Il est vrai que l'exécution de ce décret a été indéfiniment suspendue. Mais l'arrêté du 24 prairial an XI a fait revivre en quelque sorte l'esprit de ces dispositions.

(2) Cour de cassation, Belgique, 5 mai 1887 (D. 88, 2, 120).

la langue française. C'est qu'en effet la surveillance de ces auxiliaires légaux, placés auprès du testateur, avons-nous dit, pour garantir la spontanéité de ses dispositions et la véracité de l'acte, doit pouvoir s'exercer d'une façon très active et très efficace sur le ministère du notaire rédacteur. Or cette surveillance ne serait-elle pas purement nominale, illusoire, s'il leur était impossible, par ignorance de la langue française, d'avoir connaissance des énonciations de l'acte pour s'assurer de leur entière conformité avec les déclarations du disposant ? En supposant même que le notaire ait pris la précaution — ce à quoi il n'est pas obligé — de faire en marge une traduction des dispositions testamentaires dans la langue dont s'est servi le testateur et qu'il en ait donné lecture, comment les témoins acquerront-ils la certitude que le texte français, celui qui fait pleine foi devant les tribunaux, est la reproduction fidèle de la volonté du disposant ? Ils n'auront qu'une probabilité et non pas une assurance formelle. Ils devront s'en rapporter entièrement aux affirmations du notaire et à la lecture faite par celui-ci.

On a prétendu, il est vrai, que cette lecture était suffisante, parce que le notaire est l'interprète naturel et officiel des actes qu'il reçoit et que son caractère d'officier public attache à l'interprétation une présomption légale de véracité. Certes il faut reconnaître que les titulaires de ces importantes fonctions sont investis par la loi d'une confiance et d'une autorité très grandes, mais la confiance qu'ils inspirent et l'autorité qu'ils exercent peuvent-elles aller jusqu'à les affranchir du contrôle des témoins qui partagent avec eux la confiance de la loi ? Il est permis d'en douter, sans que ce doute apparaisse comme l'expression d'une défiance injuste à leur égard. Du reste, n'oublions pas que par hypothèse le testateur ignore la langue dans laquelle le testament a été rédigé et qu'ainsi il ne peut par lui-même s'assurer de la reproduction fidèle de ses dispositions. Il importe donc gravement que les témoins connaissent cette langue, car, s'ils l'ignorent, il arriverait qu'en dehors du notaire rédacteur, aucun parmi ceux qui concourent à la confection de l'acte ne pourrait affirmer que celui-ci contient effectivement et totalement les dernières volontés du disposant.

184. Peut-être cette solution paraît-elle d'une rigueur excessive, en ce sens qu'elle a pour effet d'exiger des témoins testamentaires plus de conditions de capacité que de la part du testateur lui-même. Quoi d'étonnant à cela ? Cette sévérité moins grande à l'égard du disposant s'explique naturellement. On ne pouvait pas lui imposer l'obligation de connaître la langue française dans laquelle le testament est rédigé, c'eût été restreindre arbitrairement ou même supprimer la liberté de tester dans les pays frontières où se parle un patois ou un idiome étranger. Mais, en exigeant cette condition de capacité des témoins testamentaires, le législateur n'avait pas à redouter de telles conséquences qui constitueraient, il faut l'avouer, la négation des principes de justice et de liberté. La grande latitude laissée au testateur et au notaire rédacteur dans le choix de ces auxiliaires ne suffit-elle pas pour assurer pleinement le libre exercice du droit de disposition?

185. Nous connaissons déjà, pour l'avoir exposé sommairement dans un paragraphe précédent, le rôle des témoins testamentaires. Ceux-ci ont été institués d'abord pour coopérer avec le notaire à l'authentication de l'écrit constatant les dernières dispositions du testateur, ensuite pour exercer une surveillance sur toutes les opérations dont l'ensemble constitue la confection du testament. Nous ne parlerons pas du premier objet de ces fonctions qui ne leur impose pas, du reste, des obligations différentes de celles des témoins instrumentaires ordinaires, nous nous occuperons uniquement du second, c'est-à-dire de la mission de contrôle qui leur est dévolue dans le but d'assurer la parfaite régularité de l'acte et l'entière liberté de décision du disposant. Pour cela nous étudierons les différentes règles auxquelles sont assujetties les fonctions de témoin testamentaire et dont l'observation stricte a précisément pour effet de garantir l'accomplissement des formalités légales.

186. Les témoins testamentaires doivent être présents à la confection du testament, c'est à dire à la dictée, a l'écriture, à la lecture, aux signatures. Cette règle est implicitement formulée par l'article 971 du Code civil qui dispose que le testament par acte public est celui qui est *reçu* par deux notaires en *présence de* deux témoins ou par un notaire *en présence de* quatre témoins. Or le mot réception dans la langue du législateur est synonyme de confection (1). Il résulte donc de cette disposition que la présence des témoins est nécessaire pour la validité de l'acte à la dictée, à l'écriture, à la lecture, aux signatures.

187. Cette solution, conforme à la lettre du code, est également conforme aux enseignements de la raison. Il est naturel, en effet, que les témoins auxquels la loi assigne une mission de surveillance puissent l'exercer d'une façon efficace. Pour cela il leur est indispensable de voir et d'entendre le disposant et le notaire, de se rendre compte avec netteté des opérations du testament, des circonstances qui les accompagnent, des explications qu'elles provoquent : ce qui implique évidemment la nécessité pour eux d'assister à toutes les phases de la confection.

188. Cependant, quelque probantes qu'apparaissent ces raisons, elles n'ont pas recueilli l'unanimité des suffrages de la doctrine. Certains auteurs ont nié que la loi fît de la présence réelle des témoins à toutes les phases indistinctement de la confection une condition essentielle de la validité du testament et ils n'ont admis cette obligation qu'à l'égard de la lecture. Ils ont prétendu trouver le fondement légal de leur théorie dans l'article 972 du Code civil. Cet article, parlant des formalités de la dictée, de l'écriture et de la lecture, ne mentionne expressément la présence des témoins qu'à l'égard de cette dernière, d'où il faut, disent-ils, conclure par argument *a contrario* que cette présence n'est pas obligatoire à l'égard des autres.

(1) Dans ce sens : Bordeaux, 8 mai 1860, D. 60, 2, 129.

189. Cette théorie est facilement réfutable. D'abord il est permis de faire remarquer que ses partisans n'invoquent qu'un argument *a contrario* et qu'il faut toujours se défier de pareils arguments. Ensuite on peut aisément expliquer pourquoi la loi ne spécifie la nécessité de la présence des témoins qu'à la lecture de l'acte, c'est qu'il était à craindre que ceux-ci ne fussent portés à considérer cette dernière formalité comme peu importante, le testament achevé lorsqu'il était écrit et conséquemment leur mission terminée à partir de ce moment (1).

Enfin est-il rationnel que les témoins qui sont des surveillants, ne l'oublions pas, ne soient tenus d'assister qu'à l'une des parties de l'acte et ne puissent ainsi exercer leur surveillance qu'incomplètement ? (2).

190. Mais qu'entend-on exactement par la présence des témoins ? Nous nous sommes déjà expliqué sur ce point au numéro 186 ? Les témoins sont appelés pour contrôler Ils doivent donc tout voir et tout entendre, sinon ils ne sont pas complètement présents. Telle est la règle. Toutefois il faut éviter de l'interpréter avec une trop grande rigueur. Il serait excessif, par exemple, de considérer le testament comme entaché de nullité parce que les témoins se trouvaient dans une pièce contiguë à celle où le testa-

(1) Ainsi l'a pensé un arrêt de la Cour de Dijon du 2 mars 1853 (D. 53, 2, 66).

(2) Aubry et Rau, tome VII, § 670, p. 124, note 45, p. 125. — Rutgeerts et Amiaud, Op. cit., tome I, n° 171, note 1. — Demolombe, tome XXI, n° 233 bis, 256 et 265. — Laurent, tome XIII, n° 297.

teur dictait ses dernières volontés, s'il est prouvé que, la porte étant ouverte, ils ont eu la possibilité de tout voir et de tout entendre (1). D'ailleurs le point de savoir si les témoins ont vu et entendu est une question de fait dont la solution appartient exclusivement aux tribunaux. Mais ceux-ci ne devraient pas hésiter à prononcer la nullité du testament s'il est établi que l'un des témoins s'est absenté au cours de la confection, alors même que cette absence a été occasionnée par un motif des plus graves et qu'elle n'a été que momentanée (2), Dans ce cas le notaire doit suspendre la réception de l'acte en constatant le fait qui motive la suspension (3).

La présence réelle et continuelle des témoins est donc impérieusement requise au moment de l'accomplissement des formalités constitutives du testament, mais seulement à ce moment-là. C'est pourquoi il a été décidé avec juste raison que la rédaction du préambule de l'acte pouvait être faite valablement en dehors des témoins, car cette partie est l'œuvre propre du notaire et ne contient aucune disposition (4).

(1) Cassation, 19 mars 1861 (S. 61, 1, 760) ; 31 janvier 1874 (D. 75, 2, 121). — Demolombe, tome XXI, n° 257.

(2) Bordeaux, 8 mai 1860 (D. 60, 2, 129). — Chambéry, 12 février 1873 (D. 173, 2, 159). — Cassation, Req., 17 juillet 1884 (D. 86, 5, 414. — *Revue du Notariat*, n° 7236.

(3) Nancy, 24 juillet 1833 (S. 35, 2, 90). — Dalloz, *Rép.*, Disp. entre vifs et test., n° 2905, 2. — *Encyclopédie du Notariat*, Testament, n° **223.**

(4) Cassation, 14 juin 1837 (S. 37, 1, 482). — 4 mars 1840 (S. 40, 1, 337), — Montpellier, 24 juillet, 1867, S. 68, 2, 191. — Aubry et Rau,

191. Non seulement les témoins doivent être présents à la réception du testament mais encore ils doivent, lorsque l'acte est terminé, y apposer leur signature (art. 974 Code civil). Cette signature a une double signification. D'abord elle est une preuve de la présence des témoins à la confection de l'acte, ensuite elle est une attestation par ces mêmes témoins de l'accomplissement des formalités prescrites. Mais le législateur prévoyait des difficultés pratiques à l'observation de la règle. A l'époque où le Code civil a été promulgué l'instruction n'avait pas atteint le degré de développement et de diffusion auquel elle est parvenue de nos jours et si dans les villes elle commençait à s'étendre, dans les campagnes elle ne pénétrait que difficilement et lentement.

Le nombre des paysans qui savaient lire et écrire était assez restreint. Le législateur n'ignorait pas ces faits et il redoutait qu'en exigeant strictement de tous les témoins dans un testament authentique, en quelque lieu qu'il fût passé, l'obligation de savoir signer, il ne rendit cette forme de tester impraticable dans les campagnes par suite de la pénurie de gens lettrés. C'est pourquoi, quel que fût le prix qu'il attachât à l'observation absolue de la règle, il se décida à y apporter les tempéraments que nécessitait l'état de l'instruction en disposant que, dans les campagnes, il suffirait qu'un seul des témoins signât si le tes-

tome VII, § 670, p. 126, texte et note 52. — Demolombe. tome XXI, n° 264.

tament était reçu par deux notaires et, si le testament était reçu par un seul notaire, que deux témoins sur quatre fussent soumis à cette obligation.

192. Mais une question se pose aussitôt. Qu'entendait dire le législateur par le mot *campagnes*? Quels endroits, selon lui, méritaient cette qualification? Quel criterium avait-il adopté? On ne le sait exactement. Il est regrettable qu'il n'ait pas cru devoir préciser davantage sa pensée, ce qui eut évité de longues controverses et fermé la porte à l'arbitraire.

193. Essayons cependant de découvrir sa volonté. L'article 45 de l'ordonnance de 1735 exigeait la signature de tous les témoins dans les *villes ou bourgs fermés* et se contentait de la signature de la moitié des témoins dans les *autres lieux*. Le Code civil ne pouvait pas évidemment reproduire ces expressions qui n'auraient pas répondu à la réalité des faits, puisqu'il n'y avait plus alors de bourgs fermés à l'intérieur de la France, mais peut-être reproduit-il l'esprit de la disposition et fait-il une opposition entre les campagnes, d'une part, et les villes ou bourgs, d'autre part? Il est permis d'en douter. En effet, il est des communes qui ne sont ni villes ni bourgs et dont le chiffre de population est cependant plus élevé que dans beaucoup de ces localités. De plus, il faut noter que le Tribunat voulant prévenir tout arbitraire dans l'application de la règle, avait proposé d'attribuer la qualification de campagne aux localités dont le chiffre de population est inférieur à *mille* habitants, ce qui tend à prouver qu'on n'attachait que peu de considération à la dénomination usuelle des communes et qu'on envisageait surtout l'importance de l'agglomération. Il est vrai que cette proposition ne fut pas accueillie, mais ne peut-on pas expliquer son échec, par cette raison que le législateur préférait, dans la rédaction définitive de l'article 974, rester dans le vague, à cause de la difficulté qu'il éprouvait d'adopter un *criterium* juste et infaillible?

L'hypothèse est assez plausible.

Nous croyons, conformément à l'opinion exprimée par la majorité des auteurs, interpréter fidèlement la pensée des rédacteurs du Code en considérant le mot *campagnes* comme s'appliquant aux endroits et localités où il serait difficile de réunir quatre témoins sachant signer, par suite du chiffre peu élevé de la population, du genre d'occupations des habitants, de l'éloignement et de la difficulté de communication avec les communes voisines. C'est donc avant tout une question de fait laissée à l'appréciation souveraine des tribunaux (1).

(1) Aubry et Rau, tome VII, § 670, pages 134 et 135, note 92. — Demolombe, tome XXI, page 327. — Colmet de Santerre, tome IV, n° 119 bis. — Laurent, tome XIII, n° 377. — Rutgeerts et Amiaud, op. cit., tome I, n° 332. — Lyon, 29 novembre 1828 (S. 29, 2, 220). — Cassation, 10 mars 1829 (D. 29, 1, 173).

SECTION II

DES TÉMOINS INSTRUMENTAIRES DANS LES TESTAMENTS MYSTIQUES.

194. Le testament authentique n'est pas le seul auquel la loi impose, comme une condition indispensable de validité, le concours effectif de témoins instrumentaires ; le testament mystique est également soumis à cette exigence : cette règle est expressément formulée par l'article 976 du Code civil.

Mais, comme on peut s'en convaincre par la seule lecture de l'article, le rôle des témoins instrumentaires dans les testaments mystiques n'a pas l'importance ni l'utilité du rôle joué par les témoins dans le testament authentique. Ils n'assistent pas à la confection de l'acte, qui par sa nature est un acte secret, dont les dispositions doivent rester rigoureusement cachées ; ils n'exercent donc pas de mission de surveillance et se trouvent dans l'impossibilité de fournir un témoignage sur les faits et circonstances qui ont accompagné la rédaction. Ils sont uniquement les assesseurs du notaire dans la réception de l'acte de suscription, et la seule chose qu'ils puissent attester, en cas de contestation, c'est la réalité des déclarations faites par le testateur au notaire lorsqu'il présente à celui-ci l'acte contenant ses dernières dispositions.

La plupart des questions, qu'a soulevées l'examen de la capacité des témoins instrumentaires dans les testaments par acte public, se posent également à l'égard des témoins instrumentaires dans les testaments mystiques et doivent recevoir une solution identique. Nous ne reviendrons pas, dans cette section, sur de telles questions. Nous nous bornerons à résoudre celles qui sont uniquement relatives à la matière des témoins dans les testaments mystiques et nous déterminerons les règles qui sont exclusivement applicables à ces derniers.

195. L'article 976 dispose que le testament sera remis au notaire en présence de six témoins. Il est permis de trouver étrange un tel luxe de témoins et d'en rechercher la raison. Pourquoi le législateur s'est-il montré plus exigeant à l'égard des testaments mystiques qu'à l'égard des testaments authentiques, alors que le contraire eût été plus rationnel ? La question est embarassante. On y répond généralement en invoquant l'influence de la tradition et il paraît bien que cette raison est véritablement celle qui a déterminé le législateur. Mais, comme le fait très justement observer Laurent (1), la tradition ne mérite d'être respectée et continuée que si elle a sa raison d'être, or il n'en est pas ainsi dans notre cas.

196. Demolombe a trouvé une autre explication (2). Il estime que c'est le nombre des témoins qui constitue

____

(1) Tome XIII, n° 400.
(2) Tome XXI, n° 363.

principalement l'authenticité du testament mystique. Le savant auteur fait, semble-t-il, une confusion. Le testament mystique n'est nullement authentique il est solennel. Seul l'acte de suscription est un acte authentique et fait foi jusqu'à inscription de faux des énonciations qu'il contient, c'est-à-dire de la déclaration faite par le testateur au notaire que le papier qu'il lui présente contient ses dernières dispositions (1). Au surplus, quand on envisage la fonction de témoins dans un testament mystique — fonction qui consiste dans l'assistance à un simple fait : la présentation du testament — et qu'on la compare à celle sensiblement plus importante des témoins dans un testament authentique, on est forcé de voir une anomalie dans la disposition de l'article 976 et de reconnaître que, si l'un de ces deux actes avait besoin à titre de garantie et de protection d'un plus grand nombre de témoins que l'autre, c'est assurément le testament par acte public et non pas le testament mystique. Il est donc désirable que le législateur de l'avenir corrige cette irrégularité en réduisant le nombre des témoins à quatre ou même à deux, comme pour les donations.

197. Les conditions de capacité absolue prescrites par l'article 980 du Code civil s'appliquent incontestablement aux témoins dans les testaments mystiques. En effet, les dispositions de cet article sont très générales et compré-

____

(1) Aubry et Rau, tome VII, § 671, page 143, texte et note 34. — Laurent, tome XIII, nos 431 et 432. — Baudry-Lacantinerie, *Précis*, tome III, no 1040.

hensives, elles visent « les témoins appelés pour être présents aux testaments » sans établir entre eux aucune distinction, sans formuler aucune restriction. Cette généralité d'application trouve, du reste, une explication très naturelle dans cette considération que la mission assignée aux témoins testamentaires est la même quelles que soient les solennités du testament : ils ont pour devoir d'attester les faits qui se sont accomplis en leur présence. De plus, la place qu'occupe cet article venant à la suite des dispositions réglementant les différent modes de tester et paraissant, par conséquent, se référer à toutes, ne fournirait-elle pas, à défaut d'autre moyen de preuve, un argument suffisamment concluant en faveur de son applicabilité au testament mystique ?

198. Il convient également d'admettre une solution identique en ce qui concerne les conditions de capacité naturelle. Ces conditions sont les mêmes pour le testament mystique que pour le testament par acte public. Il n'y a aucune raison, du reste, de créer une distinction entre les deux. On s'est demandé toutefois s'il est nécessaire que les témoins du testament mystique comprennent la langue dans laquelle le testateur fait sa déclaration au notaire, en lui présentant l'acte qui contient ses dernières dispositions. L'affirmative ne saurait être douteuse. L'article 976 dispose que la déclaration sera faite au notaire et aux témoins, or il est évident que si ceux-ci ignorent la langue du testateur, la déclaration sera à leur point de vue personnel comme n'ayant pas été faite puisqu'ils ne la comprennent pas, ils ne pourront en avoir connaissance que par l'intermédiaire du notaire et grâce à l'interprétation de ce dernier, ce qui paraît difficilement conforme aux intentions qu'avait le législateur en imposant le ministère des témoins. Nous avons, d'ailleurs, traité cette question avec toute l'ampleur nécessaire dans la section précédente.

199. La détermination des conditions de capacité relative a souffert plus de difficultés. Il paraît certain que l'article 975 du Code civil est uniquement relatif aux témoins instrumentaires dans les testaments par acte public : la place qu'il occupe avant les règles spéciales aux testaments mystiques le démontre suffisamment. Mais alors, disent certains auteurs, puisqu'aucun article du Code ne réglemente les conditions de capacité relative requises des témoins instrumentaires dans les testaments mystiques, il convient de recourir aux dispositions générales de la loi sur le notariat et déclarer applicables à la matière les prescriptions formulées par l'article 10 de la loi de ventôse (1).

200. Cette doctrine nous paraît erronée. Elle est du reste inconciliable avec le principe général d'interprétation que nous avons exposé dans la section précédente à propos de la combinaison de la loi de ventôse et des articles du Code civil relatifs aux témoins testamentaires. Nous avons alors établi que le Code civil contenait un système com-

____

(1) Rutgeerts et Amiaud, op. cit., tome I, n° 185. — Toullier, Livre 5, n° 468.

plet de législation spéciale sur la capacité des témoins dans les testaments et que par conséquent cette matière était soustraite à l'application des dispositions générales de la loi de ventôse.

201. Objectera-t-on que si cette solution est exacte à l'égard des témoins dans un testament authentique, à cause de l'article 975 qui leur est exclusivement relatif, elle ne saurait l'être à l'égard des témoins dans un testament mystique, puisqu'aucun article ne réglemente leur capacité? Mais argumenter ainsi n'est-ce pas oublier la disposition générale de l'article 980? N'est-ce pas se méprendre sur sa véritable portée? Cet article, comme nous l'avons montré, s'applique à tous les témoins testamentaires sans distinction. On ne peut donc pas prétendre que la capacité des témoins dans le testament mystique n'a pas fait l'objet d'une réglementation du Code. Que conclure de tout cela? Que si le législateur de 1804 a gardé le silence sur les conditions de capacité relative de ces témoins ce n'est pas qu'il entendait se référer purement et simplement aux dispositions de la loi de ventôse, c'est qu'il estimait au contraire inutile et superflu d'en formuler.

En conséquence la qualité de légataire n'emporte pas interdiction du droit d'être témoin à l'acte de suscription (1). On comprendrait difficilement d'ailleurs qu'il en

____

(1) Aubry et Rau, tome VII, § 671, page 139. — Demolombe, tome XXI, n⁰ 372. — Colmet de Santerre, tome IV, n⁰ 21bis. — Mar-

fût autrement et que le testament pût être annulé par
suite de la présence à l'acte d'un témoin légataire qui
ignore totalement la qualité dont le disposant l'a investi et qui ne peut pas par conséquent se prémunir
contre cette cause de nullité. En supposant même que le
témoin ait eu connaissance par un moyen quelconque de
la disposition qui le gratifie, cette particularité ne pourrait
engendrer aucune incapacité ni entraîner la nullité du
testament. Ainsi l'a décidé un arrêt de la Cour de cassation
du 4 juin 1883 (1).

202. Il faudrait même aller plus loin et reconnaître la
validité du testament mystique dans le cas où celui-ci a
été rédigé par un légataire qui a rempli ensuite l'office de
témoin à l'acte de suscription. Peut-être opposera-t-on
qu'une telle solution viole ouvertement la règle : *nemo
idoneus testis esse potest in re sua?* On y répondra en
observant qu'il importe de distinguer avec soin du testament proprement dit l'acte de suscription, que si le
légataire participe à la confection du premier c'est en
qualité d'homme de confiance, de secrétaire du disposant
et non pas en qualité de témoin, qu'en sens inverse l'acte
de suscription ne contient aucune disposition en sa faveur,
qu'enfin il faut respecter un principe non moins fondamental de notre matière : *nulle incapacité sans texte.*

cadé, sur l'art. 976. — L'article 43 de l'ordonnance de 1735 admettait
expressément les légataires comme témoins dans cette sorte de testament.

(1) S. 84, 1, 233. (D. 84, 1, 51).

Toutefois nous avouerons que cette solution n'est pas exempte de toute critique au point de vue législatif.

203. Une autre conséquence de la règle d'interprétation que nous avons admise est la faculté pour les parents et alliés du légataire d'exercer les fonctions de témoin (1). On peut même invoquer à l'appui de cette déduction un argument *a fortiori*. Ce que la loi permet au légataire, dont l'intérêt est direct et immédiat, elle le permet évidemment à ses parents ou alliés, dont l'intérêt est seulement éventuel ou indirect.

204. Enfin, troisième et dernière conséquence, les clercs du notaire rédacteur de l'acte de suscription ont, comme les légataires, aptitude pleine et entière à l'exercice de ces fonctions (2).

205. Quoique le Code civil n'ait imposé aux témoins dans les testaments mystiques aucune condition de capacité relative, il serait erroné de prétendre aujourd'hui qu'il n'en existe pas. En effet, la loi récente du 9 décembre 1897 sur la capacité des témoins aux actes de l'état-civil et aux actes notariés, a eu pour résultat, en modifiant l'article 980, d'introduire dans notre législation une de ces conditions. Le nouvel article 980 dispose *in fine : le mari*

---

(1) Aubry et Rau, tome VII, § 671. Texte et note 18. — Demolombe, tome XXI, n° 373. — Laurent, tome XIII, n° 461.

(2) Il va sans dire que cette solution s'impose à l'égard des serviteurs des légataires et du notaire, et plus généralement à l'égard de toutes les personnes qui sont pleinement capables de remplir les fonctions de témoin dans un testament authentique.

et la femme ne pourront être témoins ensemble dans le même testament. Or, nous connaissons la portée très générale de cet article, nous savons qu'il comprend dans son champ d'application le testament par acte public et le testament mystique, par conséquent la disposition additionnelle, dont nous venons de donner le texte intégral, vise à la fois les témoins des testaments authentiques et ceux des testaments mystiques. Il en résulte que la présence de l'un des époux comme témoin à l'acte de suscription entraîne interdiction pour l'autre de remplir le même office au même acte. Mais la loi de 1897 ne formule pas d'autres conditions. Faut-il en admettre d'autres? Fidèle au principe d'interprétation restrictive qui doit dominer la matière des incapacités, nous n'hésitons pas à répondre négativement.

206. Le rôle joué par ces témoins ne comporte aucune difficulté et n'impose pas d'obligations multiples. Son importance, du reste, est toute relative. Il se décompose en deux opérations : l'assistance à l'acte de suscription, l'apposition de la signature au bas de cet acte. La première a pour effet de contraindre indirectement à l'observation des formalités prescrites, d'assurer la sincérité de l'acte, la seconde est un certificat écrit de l'accomplissement de ces formalités. Mais, en cas de contestation sur la véracité des dispositions faites par le testateur, les témoins ne sauraient être appelés à fournir un témoignage, à donner aucune indication, puisqu'ils n'assistaient pas à la rédaction du testament. C'est précisément sous ce rapport que leur fonction se différencie de celle des témoins dans les testaments authentiques, lesquels étant présents à la confection du testament proprement dit peuvent exercer une mission de contrôle et attester l'entière exactitude des dispositions testamentaires. Les témoins, dont nous nous occupons, peuvent seulement affirmer la réalité des déclarations du disposant et leur fidèle reproduction dans l'acte.

207. L'assistance des témoins est rigoureusement exigée au moment de la présentation du testament au notaire et pendant toute la réception de l'acte de suscription. L'absence même momentanée de l'un des témoins entraînerait inévitablement la nullité du testament. Quant aux signatures, elles doivent être apposées, avons-nous dit, au bas de l'acte après sa confection. Tous les témoins doivent signer : cette prescription est formelle, l'article 976 ne consacre pas la distinction de l'article 974 entre les testaments reçus dans les villes et ceux reçus dans les campagnes. Pour qu'il en fût autrement il faudrait une disposition expresse et cette disposition n'existe pas. Il n'est pas permis, en effet d'appliquer l'article 974 à la matière. La place qu'occupe cet article dans le Code, au milieu des dispositions réglementant le testament authenthique, démontre suffisamment qu'il est exclusivement relatif à ce dernier. Au surplus, c'est l'opinion de la quasi-unanimité des auteurs et de la jurisprudence (1).

______

(1) Aubry et Rau, tome VII, § 671, page 138, note 14. — Demolombe, tome XXI, n° 386. — Laurent, tome XIII, n° 400. — Colmet

Toutefois, il paraît juste d'observer que le législateur eut fait œuvre de logique et d'unité en consacrant la même faculté pour les testaments mystiques.

de Santerre, tome IV, nᵒ 121bis. — Baudry-Lacantinerie, tome III, nᵒ 1035. — Pau, 19 décembre 1829 (S. 30, 2, 134 — D. 30, 2, 135).

TITRE II

DES TÉMOINS CERTIFICATEURS.

208. Les témoins certificateurs sont ceux qui viennent attester l'individualité des parties, c'est-à-dire l'identité de la personne qui agit dans un acte avec celle dont le nom, l'état et la demeure y sont indiqués.

209. Le législateur de la loi de ventôse entrevoyait les fraudes multiples auxquelles pouvait donner lieu la passation des actes notariés. Il savait par l'expérience des siècles précédents que la bonne foi des notaires est trop souvent surprise, que des suppositions de personnes peuvent aisément se commettre, et ses efforts devaient tendre à prémunir les actes authentiques contre une telle cause de nullité (1). Certes il ne fallait pas songer à imposer aux notaires l'obligation particulièrement rigoureuse de s'assurer par eux-mêmes de l'identité des personnes qui requiè-

(1) Ferrière, *Parfait notaire*, liv. I, chap. 12. « Les notaires ne doivent recevoir d'actes que des personnes qu'ils connaissent et ce pour éviter les fraudes et suppositions de personnes qui passeraient des obligations ou autres actes au nom d'un autre, auquel abus il est d'une très grande conséquence d'obvier. »

rent leur ministère, de rechercher et de contrôler la véracité de leurs déclarations : c'eût été susciter des obstacles
parfois insurmontables à l'exercice de leurs fonctions et
paralyser ainsi le libre jeu d'une institution qui touche si
profondément à l'ordre public. Mais il y avait un moyen
plus simple et plus pratique, déjà connu sous l'ancien
Droit, de garantir la sincérité de l'acte, d'assurer véritablement son authenticité, c'était d'exiger l'attestation de
l'identité des parties inconnues du notaire par des personnes connues de lui. Ce moyen satisfit le législateur
qui l'adopta et le consacra dans l'article 11 de la loi organique du notariat.

210. On ne pouvait pas mettre en doute l'efficacité de
cette pratique. En effet, comme elle venait de l'ancien
Droit, elle ne constituait pas une innovation aux effets
toujours incertains parce qu'ils sont inconnus, c'était au
contraire une règle ancienne qu'une consécration nouvelle rajeunissait et dont un passé de plusieurs siècles
permettait de connaître la valeur et d'apprécier les avantages.

211. Elle reçut pour la première fois son expression
légale dans l'ordonnance de mars 1498 qui défendait aux
notaires « de recevoir aucun contrat, s'ils ne cognoissent
les personnes ou qu'il soit certifiez et tesmoignez être ceux
qui contractent, sur peine de privation de leurs offices ».
Elle trouva place dans l'ordonnance d'octobre 1535. Un
édit de juin 1627 portait : « Création, dans toutes les rési-
dences de notaires, de deux certificateurs prud'hommes

de tous les contrats et actes excédent 100 livres passés par ceux qui ne sauraient lire, escrire ni signer, lesquels assisteront avec les parties à la lecture desdits contrats et actes de certification, les noms, les conditions et demeures de ceux de leurs paroisses qui leur sont congnus : et par ceux de dehors, et qui leur seront incongnus, ils délivreront leurs certifications sur les attestations de personnes de probité et à eux congnus et délivreront même certifications à ceux des paroisses de leur résidence qui auront à passer actes et contrats dehors, lesquelles certifications demeureront par devers les notaires qui auront passé les dits contrats et actes. »

212. Le légistateur de la période révolutionnaire comprit l'utilité et la sagesse de cette mesure. L'article 5, section 2, titre 1 de la loi des 29 septembre - 6 octobre 1791 était ainsi conçu : « Les notaires ne pourront instrumenter sans connaître le nom, l'état et la demeure des parties, ou sans qu'ils leur soient attestés dans l'acte par deux citoyens ayant les mêmes qualités que celles requises pour être témoins instrumentaires. »

Et la loi de ventôse, dans son article 11, suivit la tradition : « Le nom, l'état et la demeure des parties devront être connus du notaire et leur être attestés dans l'acte par deux citoyens, connus d'eux, ayant les mêmes qualités que celles requises pour être témoin instrumentaire. »

213. Aux termes de cet article, les témoins certificateurs doivent avoir « les mêmes qualités que celles requises pour être témoin instrumentaire ». Le laconisme de cette disposition a engendré une controverse. Le législateur a-t-il entendu se référer uniquement à l'article 9 de la loi et, conséquemment, soustraire les témoins certificateurs aux conditions de capacité formulées par l'article 10 ? ou a-t-il voulu, au contraire, déclarer applicables aux témoins les prescriptions de ces deux articles? Un grand nombre d'auteurs ont soutenu la première opinion (1). Le mot *qualité*, disent-ils, ne peut concerner que les différentes conditions énumérées par l'article 9, car celles qui sont imposées par l'article 10 sont purement négatives et ne sauraient constituer des qualités.

Ils invoquent, en outre, un argument de raison. Il leur semble parfaitement légitime d'établir une distinction, au point de vue de la capacité, entre ces deux sortes de témoins, puisque la mission qui leur incombe est totalement différente. Les témoins instrumentaires sont les auxiliaires du notaire dans l'authentication de l'acte, ils exercent en quelque sorte une délégation de la puissance publique, il est donc juste qu'on se montre particulièrement exigeant sous le rapport de leur idonéité. Les témoins certificateurs jouent un rôle entièrement privé, leur présence à l'acte n'est pas nécessaire à peine de nullité, elle a seulement pour effet de dégager la responsabilité du notaire en cas de supposition de personnes. Enfin n'est-il pas naturel que les fonctions de témoin certificateur puissent être

(1) Notamment : Rolland de Villargues, *Individualité*, n° 22. — Clerc, *Commentaire de la loi de ventôse*, n° 285. — Dalloz, *Répert.*, Obligations, n° 3347.

exercées de préférence par les parents des parties, au lieu de l'être par des étrangers ? Les premiers sont plus aptes que tous autres à fournir l'attestation d'individualité, et cependant ils ne pourraient le faire si, comme on le prétend, l'article 10 est applicable à la matière.

214. Cette opinion ne nous satisfait pas. La disposition finale de l'article 11 nous paraît conçue en termes trop généraux pour que nous puissions y découvrir la preuve de la distinction, quelque peu subtile, attribuée au législateur par les auteurs précités, pour que nous n'assujettissions pas les témoins certificateurs aux mêmes conditions de capacité que celles requises des témoins instrumentaires. En effet, le mot *qualité* qui est, en réalité, le siège de la controverse, doit recevoir une signification très étendue puisqu'aucun qualificatif ne vient en modifier l'interprétation naturelle ni en limiter la portée. Il peut donc s'appliquer aux qualités *positives* énoncées par l'article 9 comme aux qualités *négatives* formulées par l'article 10 et ce serait même faire acte d'arbitraire dans l'interprétation que de le déclarer exclusivement applicable aux premières sans aucune relation avec les secondes. Les autres arguments ne sont nullement probants. La diversité des fonctions de témoin certificateur et de témoin instrumentaire pourrait expliquer, si un texte de loi stipulait formellement que ceux-là ne sont pas soumis aux mêmes conditions de capacité que ceux-ci, la distinction qu'a cru devoir consacrer le législateur, mais en l'absence d'une disposition formelle elle ne saurait avoir la puissance de l'établir. En dernier

lieu il est permis de contester que l'exercice, par les parents
des parties, des fonctions de témoin certificateur présente
de réels avantages et mérite nos préférences. L'attestation
faite par de telles personnes ne pourrait-elle pas être intéressée ? Les esprits les moins prévenus et les moins soup-
çonneux ne seraient-ils pas fondés à n'accueillir un pareil
témoignage qu'avec une certaine défiance, que sous certaines réserves ?

215. Les témoins certificateurs peuvent-ils être en même
temps témoins instrumentaires ? Aucune disposition légale
ne s'opposant à ce que les mêmes personnes exercent ces
diverses fonctions, il convient d'admettre l'affirmative. On
pourrait observer, il est vrai, que l'article 11 en prescrivant que les témoins certificateurs doivent avoir les mêmes
qualités que les témoins instrumentaires, semble ne pré-
voir que le cas où ces différentes fonctions sont exercées
par des personnes différentes. Mais s'il est vrai que telle
était l'hypothèse qu'avaient en vue les auteurs de la loi en
édictant cette disposition il serait, pensons-nous, très rigoureux d'en déduire que le cumul de ces deux qualités est
formellement interdit.

Cette opinion a, du reste, été consacrée par la jurisprudence. Un arrêt de la Cour de cassation du 7 juin 1825 a
rejeté le pourvoi formé contre un arrêt de la Cour de
Rouen, qui validait un testament dans lequel les témoins
instrumentaires avaient servi en même temps de témoins
certificateurs. « Attendu, dit l'arrêt de rejet, que la loi du
25 ventôse an XI ne met aucun obstacle à ce que les

témoins appelés pour attester l'individualité servent simultanément de témoins testamentaires (1). »

216. Le certificat d'individualité donné par les témoins doit porter sur trois points : le nom, l'état, la demeure des parties. Le législateur a jugé ces indications suffisantes pour fixer la personnalité d'un individu et pour prévenir les suppositions. « Exiger davantage, a dit Réal dans l'exposé des motifs de la loi de ventôse, eût été interdire aux notaires de prêter leur ministère dans un nombre infini de circonstances et réduire en particulier les notaires des villes frontières à l'impossibilité absolue de recevoir aucun acte. »

217. En premier lieu les témoins certificateurs doivent attester le nom des parties, c'est-à-dire le nom patronymique, celui que de père en fils les membres d'une famille ont toujours porté. Ils peuvent, s'ils le veulent et s'ils les connaissent, affirmer l'exactitude des prénoms, mais cette attestation n'est pas requise par la loi. Cette solution paraît incontestable. Elle est conforme au principe d'interprétation stricte qui régit la matière des responsabilités, elle est également conforme à la raison qui conçoit parfaitement que la certification du prénom ne soit pas imposée, puisque celui-ci ne jouit pas de la même notoriété que le nom (2).

---

(1) *Journal des Notaires*, art. 5450. — MM. Rutgeerts et Amiaud sont d'un avis opposé. Ils enseignent que si dans ce cas la supposition de personnes venait à être établie la responsabilité du notaire ne serait pas à couvert. Op. cit., tome II, n° 414.

(2) Cassation, 8 Janvier 1823, *Journal des Notaires*, art. 4289.

218. L'*état* des parties doit également être attesté. Le seul énoncé de cette prescription soulève une difficulté. Que signifie le mot *état ?* Quelle en est la portée ? A quelle situation se réfère-t-il ? C'est là un point des plus intéressants mais dont la recherche eut été évitée si le législateur n'avait pas oublié que la clarté et la précision du texte sont les qualités les plus précieuses d'une disposition légale.

Si l'on consulte le dictionnaire de l'Académie on trouve cette définition : l'état est la condition d'une personne en tant qu'elle est enfant naturel ou adoptif, légitime ou illégitime, mariée ou non mariée, noble ou roturière. Evidemment, les auteurs de l'article ne voulaient pas attribuer à ce mot une telle signification. L'attestation de la contion d'une personne au point de vue de ses droits de famille ne serait pas, en effet, d'une grande utilité pour la détermination de son identité. D'un autre côté, il est à remarquer que l'article 13 emploie le mot *qualités* dans un ordre d'idées quelque peu semblable (1). Pourrait-on conclure à la synonymie de ces deux expressions ? Peut-être.

Selon **MM.** Rutgeerts et Amiaud (2) l'état d'une personne s'entend surtout de la profession que cette personne exerce et, à défaut de profession, de sa qualité ou de sa position sociale, c'est-à-dire de ce qui, dans la société, peut servir

____

(1) Art. 11 : le nom, l'*état* et la demeure des parties devront être connus...

Art. 13 : Les actes... contiendront les noms, prénoms, *qualités* et demeures des parties...

(2) Op. cit., tome II, n° 411.

à distinguer un individu d'un autre individu qui porte le même nom que lui.

Nous adoptons cette interprétation qui est presque génélement reçue en doctrine et en jurisprudence. Elle est, du reste, conforme à la tradition : considération d'une certaine autorité en une matière qui vient de l'ancien Droit.

219. En conséquence, nous admettrons que les témoins certificateurs n'ont pas pour mission d'attester la position des parties contractantes au point de vue de leur état-civil mais seulement de faire connaître la profession ou le métier qu'elles exercent, l'emploi qu'elles occupent, le grade dont elles sont revêtues (1). Il en résulte encore que l'attestion d'individualité ne doit pas porter, nécessairement du moins, sur la capacité des parties (2). C'est à celui qui contracte avec quelqu'un à s'assurer de sa capacité, en vertu de la maxime du droit romain : *nemo debet esse ignarus conditionis ejus cum quo contrahit.*

220. Toutefois s'il est reconnu en principe que le certificat doit porter expressément sur l'état tel que nous venons de le définir, c'est-à-dire la profession ou la position sociale, il serait excessif et inexact de prétendre qu'il ne doit jamais s'appliquer à d'autres objets, qu'il ne doit pas viser d'autres qualités, parce qu'habituellement ces qualités ne sont pas considérées comme constitutives de l'état

---

(1) Alger, 17 avril 1833 (S. 33, 2, 660). — Orléans, 24 juillet 1856 (S. 56, 2, 461). — Lyon, 12 mars 1847 (D. 47, 2, 78). — Trib. Seine, 27 janvier 1869, *Revue du Notariat*, 2309.

(2) Paris, 11 février 1826, *Journal des Notaires*, art. 5762.

au sens strict du mot. Ce que l'on doit rechercher avant tout c'est d'établir l'individualité d'une personne, or pour arriver à ce but il peut être nécessaire de relever certaines particularités de condition, de constater certaines qualités spéciales qui concernent plutôt l'état civil que l'état proprement dit, celle de veuf ou de célibataire par exemple. En un mot il convient de s'inspirer de cette vérité que s'il faut interpréter strictement les termes de l'article 11, parce qu'il est un texte attributif de responsabilité, il faut également, pour répondre aux intentions du législateur, se prémunir par tous les moyens contre la mauvaise foi.

221. Enfin les témoins certificateurs doivent faire connaître au notaire la *demeure* des parties. N'est-ce pas encore ici le cas d'adresser au législateur le reproche d'obscurité? Le mot *demeure* a par lui-même une signification très vague, trop étendue même, et ce n'est pas, semble-t-il, manifester une exigence trop grande que de souhaiter la disparition de tels mots de la langue juridique. Leur ambiguïté prête à la controverse et favorise l'arbitraire des solutions.

Etant donné l'équivoque de l'expression légale, nous devons en rechercher le sens exact et précis. Tout d'abord une constatation s'impose. Le mot *demeure* a été employé par le législateur dans les articles 11, 12 et 13, il est donc présumable qu'il revêt dans les trois cas la même signification. Toutefois il faut reconnaître que cette constatation ne peut fournir un élément certain de décision. Par conséquent nous devons nous déterminer surtout d'après les lumières de la raison.

222. On peut entendre par *demeure* le domicile, la résidence ou l'habitation. Le domicile, d'après l'article 102 du Code civil, est « le lieu où l'on a son principal établissement », c'est-à-dire le centre de ses intérêts et de ses affections. La résidence est le siège réel, le siège de fait de la personne, le lieu où elle habite ordinairement. Quant à l'habitation proprement dite, c'est le siège accidentel d'un individu, le lieu où il habite accidentellement, passagèrement. De ces définitions la première seule est légale, les autres ne sont que l'émanation de la doctrine, mais celles-ci ne présentent pas moins d'exactitude ni de vérité, car elles découlent de la nature des choses.

223. Il s'agit maintenant de découvrir laquelle de ces trois situations a voulu viser le législateur en employant le mot *demeure*. Or, selon toutes probabilités, ce n'est pas le domicile ni l'habitation, c'est bien plutôt la résidence. En effet, le domicile ne s'annonce pas toujours par des signes extérieurs et certains, c'est un siège légal, fictif, un lien de droit, dont la constatation peut entraîner des difficultés et des lenteurs. Par conséquent, en exigeant du notaire la connaissance du domicile des parties, le législateur lui eût imposé une obligation particulièrement rigoureuse et d'une utilité contestable. D'un autre côté l'habitation proprement dite présente un caractère trop éphémère et trop accidentel pour constituer un moyen de preuve bien efficace et bien sûr de l'individualité des parties. N'est-il pas préférable d'admettre que l'attestation dont s'agit doit porter uniquement sur la résidence, c'est-à-dire le siège réel des parties, le lieu où elles habitent ordinairement, où elles sont connues, où elles ont des relations : ce qui permet ainsi une vérification prompte et facile (1).

224. Il ne faut pas se méprendre sur la portée ni sur la sanction de la règle formulée par l'article 11. L'attestation d'individualité des parties n'est pas imposée comme une condition essentielle et indispensable de la validité de l'acte, elle est une simple faculté offerte par la loi au notaire dans le but de le prémunir contre les tentatives de la mauvaise foi et de garantir sa responsabilité au cas de faux par supposition de personnes. Il en résulte que l'inobservation de cette formalité ne saurait entraîner la nullité de l'acte. Nous en trouvons la preuve certaine dans la disposition de l'article 68 de la loi de ventôse qui ne mentionne pas l'article 11 parmi ceux dont la violation est une cause de nullité. Le notaire est donc seul juge de la nécessité ou seulement de l'utilité pour lui de recourir à cette garantie, d'accomplir cette formalité. Et s'il a jugé bon de se dispenser de toute attestation, la loi, loin de lui en faire un reproche, présume au contraire qu'il a régulièrement agi parce qu'il avait une connaissance suffisante de l'identité des parties.

225. Le ministère des témoins certificateurs n'est donc pas obligatoire pour le notaire comme celui des témoins

---

(1) En ce sens : Rutgeerts et Amiaud, op. cit., tome II, n° 411.

instrumentaires. Mais, après les développements qui précèdent, il est à peine besoin d'ajouter qu'il est souvent utile et parfois nécessaire. Qu'arrivera-t-il, en effet, au cas de supposition de personnes, si le notaire a jugé préférable de passer outre à l'attestation d'individualité ? Non seulement l'acte sera frappé d'une nullité radicale et absolue, mais encore le notaire sera tenu de réparer le préjudice parfois considérable causé par cette nullité et il encourra en outre une peine disciplinaire pour violation d'une règle professionnelle (art. 53 de la loi de ventôse) (1). Le défaut d'attestation peut donc avoir pour lui les conséquences les plus graves au point de vue de sa situation pécuniaire et de son crédit. De plus, en admettant même qu'aucune supposition de personnes n'ait été commise, le notaire ne serait cependant pas à l'abri de toute responsabilité s'il était établi qu'il a négligé de faire attester l'identité des parties qui comparaissaient devant lui et qu'il ne connaissait pas. Dans ce cas, en effet, quoiqu'il n'ait pas à redouter la nullité de l'acte et ses conséquences pécuniaires, puisque celui-ci réunit les conditions requises pour sa validité, il peut être légitimement déféré, conformément à l'arrêté du 2 nivôse an XII, devant la chambre de discipline du ressort de sa résidence, pour violation de l'article 11 et négligence grave de nature à faciliter le crime de faux par supposition de personne (2).

(1) Reims, 22 juillet et 12 août 1876, *Revue du Notariat*, 5127.

(2) On a prétendu que la règle posée par l'art. 11 ne devait pas être prise dans un sens absolu, c'est-à-dire que les notaires n'étaient pas

Au contraire, la situation est toute différente pour le notaire rédacteur de l'acte s'il s'est fait certifier par témoins l'individualité des parties qu'il ne connaît pas. Observateur fidèle des prescriptions de l'article 11 il exerce son ministère en toute sécurité, dégage sa responsabilité,

tenus de l'observer dans toute espèce de contrat. Dans les contrats synallagmatiques, a-t-on dit, c'est aux parties contractantes qu'incombe le devoir de s'assurer réciproquement de leur individualité. Est-il rationnel, en effet, de présumer que les personnes qui comparaissent devant un notaire à l'effet de faire constater par acte authentique la convention qui les unit, aient contracté des obligations réciproques sans se connaître, sans se renseigner sur leur identité ? N'est-il pas plus sage, au contraire, de supposer qu'elles sont éclairées les unes et les autres sur ce point capital ? En tout cas, si, par suite d'une insouciance difficilement explicable, elles ont négligé de s'assurer de leur individualité, est-il juste et raisonnable que le notaire, se substituant à elles dans cette recherche d'une importance décisive, les prémunisse contre les conséquences d'une négligence qu'on ne saurait excuser ?

Cette théorie est assez séduisante, mais n'est pas acceptable : elle n'est conforme ni à la lettre du texte ni à l'esprit de la disposition. L'art. 11 ne crée aucune distinction entre les contrats synallagmatiques et les contrats unilatéraux, il prescrit purement et simplement l'attestation de l'individualité des parties lorsque celles-ci sont inconnues du notaire rédacteur de l'acte. La règle qu'il formule a donc une portée générale et absolue, elle ne subit aucune limitation basée sur la nature des contrats. En outre, l'histoire et l'esprit de la disposition contredisent nettement cette interprétation. La règle de l'attestation d'individualité apparaît comme une garantie d'ordre public donnée par le législateur aux parties elles-mêmes. Elle est inspirée par des considérations d'intérêt général, elle constitue une mesure de protection de l'intérêt personnel mal éclairé ou trop confiant.

La théorie que nous combattons aurait donc pour effet d'introduire dans la disposition de l'art. 11 une restriction qui, pour être explicable, n'en serait pas moins arbitraire.

échappe à toute poursuite disciplinaire. Mais pour qu'il en soit ainsi, pour que les fraudes ou suppositions de personnes ne lui soient pas imputables, il doit recourir à l'attestation non pas de témoins quelconques, mais de témoins connus de lui, d'une capacité et d'une moralité certaine. C'est qu'en effet la valeur d'un témoignage est purement extrinsèque, s'il est permis de s'exprimer ainsi; elle dépend essentiellement de la moralité de celui qui le donne et de la confiance qu'il inspire. Si donc le notaire s'est contenté de l'affirmation de témoins d'une identité douteuse, d'une moralité discutable ou d'une incapacité certaine, il ne répond pas au vœu de la loi et il engage sa responsabilité (1).

226. L'attestation d'individualité donnée dans les conditions sus-énoncées protége donc efficacement le notaire contre toute action en dommages-intérêts fondée sur la nullité d'un acte entaché de faux par supposition de personnes. C'est là un effet particulièrement important quoique négatif, mais ce n'est pas le seul, il en est un autre aussi considérable et nettement positif: le transfert sur la tête des témoins de la responsabilité qui pèse sur le notaire. Par le fait même de l'attestation ceux-ci deviennent garants de toutes les suppositions de noms, qualités, etc... c'est une conséquence naturelle de l'acceptation de la mis-

(1) L'incapacité des témoins certificateurs n'est une source de responsabilité pour le notaire rédacteur de l'acte, qu'autant que les circonstances de la cause ne permettent pas de faire l'application de la maxime : « error communis facit jus ».

sion qui leur est offerte (1). En effet, le notaire qui, dans l'ignorance de l'identité des parties, fait appel au concours de certaines personnes susceptibles de jouer le rôle de témoins certificateurs, n'impose à celle-ci aucune obligation, n'exerce à leur égard aucun droit de réquisition, il les laisse entièrement libres d'accepter ou de refuser l'office qui leur est proposé. En conséquence, si elles donnent leur assentiment, elle se reconnaissent *ipso facto* capables de fournir au notaire les renseignements qui lui sont nécessaires et contractent implicitement l'obligation de certifier en toute sincérité l'individualité des parties. Leur responsabilité découle donc directement d'une intervention librement acceptée et volontairement produite.

Il existait à cet égard une disposition formelle dans des projets de résolution sur le notariat soumis au Conseil des Cinq-Cents, les 6 vendémiaire et 23 frimaire an VIII : « Les témoins (y lisait-on) demeurent responsables des faits par eux attestés, à peine de dommages et intérêts des parties lésées ; sans préjudice, en cas de faux, des peines pronoucées par le Code pénal (2). »

227. Le législateur de la loi de ventôse n'a pas reproduit cette disposition, mais le silence qu'il a gardé en cette matière ne fait nullement présumer qu'il s'opposait à la responsabilité civile ou pénale des témoins certificateurs en cas de faux témoignage. Il estimait sans doute inutile de consacrer un article spécial à l'énoncé d'une solution

(1) Rennes, 13 juillet 1875, *J. des Notaires*, art. 21,729.
(2) *Dictionnaire du Notariat*, Individualité, nº 59.

si pleinement conforme à la notion fondamentale de
toute responsabilité. Au reste, la promulgation des Codes
a supprimé l'intérêt de la question ; les dispositions des articles 1382 et 1383 du Code civil ainsi que de l'article 363
du Code pénal ne laissent subsister aucun doute sur l'exactitude de cette solution.

228. Nous n'avons pas à déterminer ici les conditions
d'application des articles 1382 et 1383 du Code civil. Qu'il
nous suffise de rappeler que l'existence d'un préjudice
matériel ou moral est le fondement nécessaire de toute
condamnation à des dommages-intérêts (1). Par conséquent l'attestation d'individualité, en supposant qu'elle ne
soit pas l'expression de la vérité. ne peut motiver la condamnation civile des témoins que si elle a causé un réel
préjudice à l'une des parties contractantes.

229. Lorsque, dans une intention frauduleuse, les témoins certificateurs donnent au notaire une fausse attestation de l'individualité des parties, ils se rendent cou-
pables du crime de faux témoignage et encourent les peines
sévères édictées par l'article 363 du Code pénal (2).

______

(1) La jurisprudence est unanime sur ce point : Cassation Req.,
19 janvier 1881 (D. 81, 1, 245, 246) ; Req., 27 janvier 1885 (D. 85, 1,
363) ; Req., 28 mai 1888 (D. 89, 1, 187) ; 7 juin 1893 (S. 95, 1, 413).

(2) « Le coupable de faux témoignage en matière civile sera puni
d'un emprisonnement de deux à cinq ans et d'une amende de cinquante à deux mille francs. »

Il paraît difficile de contester l'application à la matière de l'article 363 du Code pénal. Cet article est conçu en termes trop géné-
reux pour ne pas viser tous les cas de faux témoignage tant judiciaires
qu'extra-judiciaires.

Dans l'hypothèse que nous envisageons il ne s'agit plus pour les témoins d'une déclaration inexacte, fruit d'une erreur involontaire, résultat d'un défaut d'attention, mais d'une affirmation sciemment et volontairement mensongère, fruit de la ruse et de la mauvaise foi. Les témoins ont agi en connaissance de cause. Au lieu de certifier au notaire en toute sincérité l'identité des personnes qui comparaissent devant lui, ils ont préféré l'induire en erreur dans le but de donner satisfaction à certains intérêts. C'est précisément cette intention frauduleuse qui est l'élément constitutif et caractéristique du crime de faux. A vrai dire il n'y a de supposition de personnes au sens strict du mot que lorsque les auteurs de la fausse désignation ont agi sciemment dans une vue préjudiciable.

Ces explications suffisent pour justifier la sévérité du législateur. Les peines formulées par l'article 363 ne constituent pas une sanction trop rigoureuse d'actes dont le caractère criminel est nettement établi et qui sont capables de troubler profondément le repos et la sécurité des familles. En effet, les propriétaires qui ont été injustement dépossédés de leurs biens, grâce à la fraude commise par les témoins certificateurs, sont obligés de recourir aux voies judiciaires pour faire reconnaître et respecter leurs droits. Ils intentent alors des procès parfois onéreux et difficiles, source d'ennuis et d'inquiétudes, cause d'appauvrissement, sinon de ruine. L'ordre public était donc intéressé à ce que le législateur prévint, par une sanction sévère mais juste du faux témoignage, la naissance de procès dont la cause est d'une évidente iniquité.

TITRE III

DES TÉMOINS HONORAIRES.

230. On entend par témoins honoraires les personnes qui assistent à un acte notarié en qualité de parentes, d'alliées ou d'amies des parties contractantes et dans le but unique de donner à celles-ci un témoignage d'affection, d'estime ou de considération.

231. Aucun texte de loi ne réglemente cette institution qui est purement traditionnelle et coutumière. L'absence d'une réglementation expresse et spéciale s'explique du reste naturellement. En effet, ce qui caractérise et singularise les témoins dont nous nous occupons, ce qui les différencie des témoins instrumentaires ou certificateurs, ce n'est pas la diversité des fonctions, c'est plutôt l'absence de toute fonction au sens précis du mot. Leur intervention à l'acte se manifestant par l'assistance à la réception ou par l'apposition d'une signature ne constitue pas une formalité légale dont l'inobservation est une cause de nullité, une solennité analogue à celle de l'article 9 de la loi de ventôse ou à celles des articles 971 à 976 du Code civil, mesures d'une certaine utilité, répondant à un besoin de garantie de la sincérité de l'acte ou de protection de la liberté du disposant : elle est purement et simplement une pratique consacrée par l'usage, d'un caractère suppletif et facultatif, sans influence ni portée, ne se recommandant par aucune raison d'intérêt général ni même d'intérêt privé.

232. Cependant, quelle que soit l'insignifiance du rôle joué par les témoins honoraires, nous ne pouvons pas ne pas aborder l'étude des quelques questions qu'il soulève et dont la solution, du reste, ne paraît pas controversée.

233. Les dispositions de la loi de ventôse ne sont pas certainement applicables à cette catégorie de témoins. Les articles 9 et 11, dont nous avons donné le commentaire, visent les témoins instrumentaires et certificateurs et ne visent que ceux-là : il n'est pas nécessaire pour se convaincre de cette vérité de se livrer à une étude approfondie de leur disposition, il suffit de parcourir même rapidement la lettre du texte qui est très explicite. Quant à l'article 10 particulièrement important parce qu'il traite des conditions négatives de capacité, il se rattache à l'article 9 qu'il complète et précise. On ne comprendrait pas d'ailleurs que la prohibition formulée par cet article pût atteindre les témoins honoraires puisque le concours de ces derniers n'a pas pour objet d'attester, en cas de contestation, la sincérité de l'acte ou l'indépendance des contractants. La conséquence qui résulte de la non-applicabilité de ces dispositions, c'est que la qualité de parent ou d'allié, soit du notaire, soit des parties contractantes,

n'est nullement exclusive du droit d'être témoin honoraire (1).

234. Les actes qui semblent plus particulièrement appeler et justifier l'intervention des témoins honoraires
sont les contrats de mariage. En effet, le contrat de mariage est un acte intéressant non seulement les parties
contractantes mais encore les membres de leur famille. Il
comprend l'ensemble des conventions déterminant le régime pécuniaire de l'association conjugale, c'est un acte
d'une exceptionnelle importance, le premier et le principal
de cette association. Il est donc naturel que ceux qui sont
unis aux futurs époux par des liens de famille, d'alliance
ou d'amitié et qui s'intéressent à leur avenir assistent à
la confection du contrat et y apposent leur signature.

235. Mais faut-il penser que le rôle joué par les témoins honoraires à la confection d'un contrat de mariage
a pour conséquence de leur attribuer la qualité de parties?
Nullement, ce serait se méprendre sur la nature et la portée de leur intervention, dont le véritable caractère nous
est déjà connu, en même temps que sur l'interprétation
qu'il convient de donner du mot *parties* (2). Celui-ci, il est
vrai, a une signification très générale, parfois même diffé-

---

(1) On doit même ajouter que les parents ou alliés sont naturellement appelés et plus aptes que toute autre personne à jouer le rôle
de témoins honoraires puisqu'il s'agit de donner aux parties une preuve
d'estime ou d'affection.

(2) Dans ce sens : Aubry et Rau, tome V, § 502, p. 269. — Laurent,
tome XXI, n° 96.

rente selon les textes, mais quelque compréhensif qu'il puisse être il ne saurait raisonnablement s'appliquer aux témoins honoraires.

Ce mot peut être pris dans un sens large ou dans un sens restreint. Dans le premier sens on entend par partie toute personne qui comparaît devant un notaire pour faire donner l'authenticité à un acte sans distinguer si cette personne stipule, contracte ou dispose en son propre nom ou au nom d'un tiers : ainsi le mandataire, le tuteur ou encore les père et mère qui assistent le mineur dans son contrat de mariage (1). Dans un sens propre et précis le mot *partie* désigne la personne qui, comparaissant devant un notaire, stipule, s'oblige, promet ou donne quelque chose en son nom propre, ou qui constate ou fait constater authentiquement un fait, ou celle au nom de laquelle un autre promet ou stipule, tels que le mandant ou le mineur.

236. Mais, quelle que soit la signification que l'on prête à ce mot, il ressort clairement des définitions précédentes qu'il est impossible de considérer le témoin honoraire comme jouant à l'acte le rôle de partie. Pour mériter cette qualité, pour remplir cet office il faut agir ou stipuler soit en son propre nom soit au nom d'un tiers : ce qui n'est visiblement pas le cas de ces sortes de témoins dont l'intervention est toute passive. D'ailleurs on comprendrait difficilement qu'un pareil titre pût leur être accordé alors

(1) Aubry et Rau, op. et loc. cit. — Laurent, op. et loc. cit. — Baudry-Lacantinerie, *Précis*, tome III, n° 22. — Rutgeerts et Amiaud, op. cit., tome I, n° 210.

qu'on le refuse, avec raison du reste, aux témoins instrumentaires dont la participation est cependant plus effective et plus directe.

237. La question que nous venons d'examiner n'est pas une pure question d'école, d'une importance exclusivement théorique, elle présente au contraire un intérêt pratique qui se manifeste dans le cas d'application de l'article 1396 du Code civil. Cet article dispose :

« Les changements qui y (conventions matrimonales) seraient faits avant la célébration doivent être constatés par acte passé dans la même forme que le contrat de mariage. Nul changement ou contre-lettre n'est au surplus valable sans la présence et le consentement simultané de toutes les personnes qui ont été *parties* dans le contrat de mariage. »

238. Ainsi donc la contre-lettre, modificative des clauses du contrat de mariage, n'a d'efficacité qu'autant que les différentes personnes qui ont joué au contrat le rôle de parties assistent à sa rédaction et donnent leur consentement. Étant donné les développements qui précèdent nous tirons de cette disposition l'évidente conclusion que la présence des témoins honoraires ou l'apposition de leur signature à l'acte modificatif n'est pas nécessaire, ne constitue pas une condition indispensable de validité. En d'autres termes, celui-ci sera parfait et efficace indépendamment de toute intervention de la part des témoins honoraires.

239. L'étude de cette matière soulève une dernière

question. Il peut arriver que l'un des témoins instrumentaires dont le concours est nécessaire, avons-nous vu, pour conférer à l'acte le caractère d'authenticité soit incapable de remplir valablement les fonctions dont il a été investi parce qu'il ne réunit pas les conditions prescrites par l'article 10 de la loi de ventôse. On se demande si, dans ce cas, la présence à l'acte d'un témoin honoraire réunissant les conditions prescrites par l'article 10 pourrait suppléer à l'incapacité du témoin instrumentaire et empêcher ainsi la sanction rigoureuse de la nullité.

240. La négative ne saurait être douteuse. En effet, le témoin honoraire ne peut être pris que dans la qualité que les parties et le notaire ont entendu lui attribuer et dans laquelle il a lui-même voulu agir. Il intervient à l'acte pour donner aux parties contractantes un témoignage d'estime ou d'affection et non pas pour assister le notaire dans son œuvre d'authentication ni pour exercer une mission de surveillance. Le rôle de ces différents témoins, sans être essentiellement incompatible, est du moins naturellement distinct. Pour faire prévaloir la solution contraire, il faudrait soutenir que l'on pût après coup attribuer aux différentes personnes qui ont participé à la confection d'un acte une qualité qu'elles n'avaient pas, leur assigner un rôle qu'elles n'ont pas joué au cours de la réception. Théorie évidemment inacceptable, en opposition manifeste avec les enseignements de la raison. Le fait d'avoir agi en une qualité quelconque et d'avoir rempli un office déterminé est un fait définitivement acquis sur lequel les changements postérieurs de volonté, même ceux émanant des parties agissantes, ne sauraient avoir aucune prise.

Cette solution a, du reste, reçu la consécration de la jurisprudence et ne paraît pas avoir soulevé en doctrine la moindre contestation (1).

Vu :

Le Président de la thèse,

ALBERT WAHL.

Vu :

Le Doyen,

LOUIS VALLAS.

Vu et permis d'imprimer :

Lille, le 17 février 1899,

Le Recteur,

J. MARGOTTET

(1) Bourges, 29 mars 1859 (D. 60, 2, 192). — Toulouse, 5 août 1884, *Revue du Notariat*, n° 1222.

INDEX BIBLIOGRAPHIQUE

—

Amiaud. — Traité formulaire général alphabétique et raisonné du notariat, 1re édition.

Aubry et Rau. — Cours de Code civil, 4e édition.

Baudry-Lacantinerie. — Précis de droit civil, 6e édition.

Baudry-Lacantinerie et Maurice Colin. — Des donations entre vifs et des testaments.

Boitard, Colmet-Daage et Glasson. — Leçons de Procédure civile, 14e édition.

Clerc, Dalloz et Vergé. — Formulaire général et complet du notariat, 7e édition.

Curasson. — Traité de la compétence des juges de paix, 4e édition.

Dalloz. — Répertoire de législation et son supplément.

Defrénois. — Traité pratique et formulaire général du notariat, 7e édition.

Delacourtie et Robert. — Traité pratique de la discipline des notaires.

Demante continué par **Colmet de Santerre.**

Demolombe. — Cours de Code Napoléon, 3e édition.

Dictionnaire du notariat et son supplément, 4e édition.

Eloy. — De la responsabilité des notaires et de la discipline notariale.

Encyclopédie du notariat et de l'enregistrement.

Ferrière. — Science du parfait notaire.

Furgole. — Des testaments.

Garsonnet. — Traité théorique et pratique de Procédure civile.

Guillouard. — Contrat de louage.

Journal des Notaires et des Avocats.

Journal du Notariat.

Journal Officiel, années 1888, 1889, 1890, 1893, 1896, 1897.

Laurent. — Principes du Code civil, 3e édition.

Lefebvre. — Traité de la discipline notariale devant les tribunaux et les chambres de notaires.

Locré. — Procès-verbaux du Conseil d'État.

Lois nouvelles. — Recueil de législation et de jurisprudence, année 1898.

Marcadé. — Explications du Code civil, 7e édition.

Merlin. — Répertoire universel et raisonné de jurisprudence, 5e édition.

Moniteur officiel, année 1843.

Mourlon. — Répétitions écrites, 12e édition.

Pagès. — De la responsabilité des notaires.

Pandectes françaises. — Répertoire de législation et de jurisprudence.

Répertoire général pratique du notariat.

Revue critique de législation et de jurisprudence, année 1885. — Étude de M. Lespinasse.

Ricard. — Donations.

Rolland de Villarguos. — Répertoire de la jurisprudence du notariat, 2e édition.

Rutgeerts. — Édition **Amiaud.** — Commentaire de la loi du 25 ventôse an XI.

Sirey. — Notes de M. Wahl (1896 et 1897). — Note de M. Labbé (1879).

Toullier. — Droit civil français suivant l'ordre du Code, 6e édition.

Troplong. — Donations et testaments, 3e édition.

TABLE DES MATIÈRES

DEUXIÈME PARTIE
DES TÉMOINS

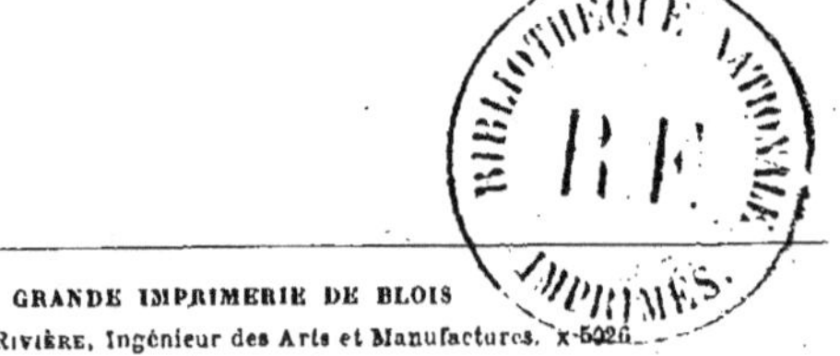

GRANDE IMPRIMERIE DE BLOIS
EMMANUEL RIVIÈRE, Ingénieur des Arts et Manufactures. x-5026

GRANDE IMPRIMERIE DE BLOIS.

Emmanuel Rivière, Ingénieur des Arts et Manufactures X 3073